世界历史穿越报

SHIJIE LISHI CHUAN YUE BAO

用有趣的文字
讲真实的历史

黑暗与光明

彭凡 / 著

全国百佳图书出版单位
化学工业出版社
·北京·

图书在版编目（CIP）数据

世界历史穿越报．黑暗与光明/彭凡著．—北京：化学工业出版社，2022.1（2025.1重印）
ISBN 978-7-122-40083-3

Ⅰ.①世… Ⅱ.①彭… Ⅲ.①世界史-儿童读物 Ⅳ.①K109

中国版本图书馆CIP数据核字（2021）第208606号

责任编辑：孙　炜　　　　　　　　文字编辑：刘　璐　陈小滔
责任校对：王　静　　　　　　　　装帧设计：尹琳琳

出版发行：化学工业出版社（北京市东城区青年湖南街13号　邮政编码100011）
印　　装：北京宝隆世纪印刷有限公司
710mm×1000mm　1/16　印张12　2025年1月北京第1版第5次印刷

购书咨询：010-64518888　　　　　　售后服务：010-64518899
网　　址：http://www.cip.com.cn

凡购买本书，如有缺损质量问题，本社销售中心负责调换。

定　价：39.80元　　　　　　　　　　　　　　　　　　版权所有　违者必究

世界历史穿越报
·黑暗与光明·

前 言

每个民族,都有自己的过去。

每个国家,都有自己的历史。

那么,那些跟我们不同肤色、不同语言的人们,他们又是从哪里来的呢?

他们会不会和我们一样,也有自己的黄河母亲?

他们是怎么学会说话和写字的?

他们也爱吃米饭跟馒头吗?

他们也穿丝绸做的衣裳吗?

他们也有皇帝吗?他们的皇帝跟我们的皇帝一样拥有至高无上的权力吗?

他们创造过哪些了不起的成就和辉煌呢?

也许,他们有很多跟我们一样的地方,但他们一定也有很多跟我们不一样的地方。

为了搞清楚这些问题,我们报社的工作人员全体出动,乘坐时光机,穿越遥远的时空,去探访世界各地的人们曾经是怎么生活的,去见证在他们身上发生过哪些波澜壮阔的事情。

我们将采访到的一切,都刊登在《世界历史穿越报》中。我们将报纸做成一个合订本,每册有10~12期。这套《世界历史穿越报》一共有十个合订本,分别记录了我们在不同时空、不同国家的所见所闻。

  每一期报刊都是我们冒着生命危险，辛苦采访和探寻的结晶，相信里面精彩的栏目和内容一定会让你大饱眼福——

  "世界风云"是主打栏目。这里刊登的全是世界大事，譬如国家的诞生、战争与荣耀，以及帝王的生平事迹，等等。

  "自由广场"是一个有趣的栏目。这里刊登了我们在各个时空的酒吧中搜集的各种奇奇怪怪的言论。你会发现，古人和今人一样，也喜欢聚在一起讨论各种八卦新闻呢。

  "奇幻漂流"是我们专门为历史人物设立的一个来信栏目。他们遇到疑惑和烦恼，会给报社来信，我们有专业的编辑贴心为他们解答疑惑，抚慰他们的心灵。

  "名人来了"是一个采访栏目。我们派出报社最八卦、最大胆的记者越越，去采访当时最杰出、最有争议的名人，挖掘他们的内心世界，将他们最真实的一面展现给大家。

  另外，我们还有"智慧森林""嘻哈乐园""广告贴吧"等栏目，为大家展现当时最先进的科学技术，最时髦的文化潮流，以及一些五花八门的广告、漫画等，一定让你目不暇接，忍俊不禁。

  最后，我们希望读者们能够通过这套报刊，学到知识，认识世界，然后成为一个视野开阔、见识广博的人。

目 录

第❶期 走，去耶路撒冷

【顺风快讯】 走，到耶路撒冷去！ ... 2
【自由广场】 东罗马向教皇求救 ... 3
【世界风云】 一次演说引发的战争 ... 4
　　　　　　 鲜血染红了耶路撒冷 ... 7
　　　　　　 王后也参加东征了 ... 9
【奇幻漂流】 我该加入哪个骑士团 ... 11
【名人来了】 特约嘉宾：隐士彼得 ... 12
【广告贴吧】 欢迎加入骑士团 ... 14
　　　　　　 战利品拍卖 ... 14
　　　　　　 冲啊！ ... 14
　　　　　　 招玻璃搬运工 ... 14
　　　　　　 公告 ... 14

第❷期 英雄与国王

【顺风快讯】 法兰西伯爵当上英格兰国王 ... 16
【自由广场】 人人都有出头之日 ... 17
【世界风云】 吉星高照的"金雀花" ... 18
　　　　　　 真正的骑士萨拉丁 ... 21
　　　　　　 三个有外号的国王 ... 23
【奇幻漂流】 国王去哪了 ... 25
【名人来了】 特约嘉宾：红胡子腓特烈 ... 26
【广告贴吧】 一起去拯救狮心王 ... 28
　　　　　　 给儿子的告诫 ... 28
　　　　　　 给奥地利的小特权 ... 28
　　　　　　 屠城令 ... 28

第❸期　商人与骑士

【顺风快讯】	促东征，新教皇亲自捐款	30
【世界风云】	没有钱，不开船	31
	"兄弟"相残，穷光蛋变有钱人	35
【奇幻漂流】	钱是还不上了	37
【自由广场】	什么时候收回圣城	38
【名人来了】	特约嘉宾：丹多洛	39
【广告贴吧】	给十字军的公开信	41
	战利品分配方案	41
	诚招投资方	41
【智者为王】	智者为王第1关	42

第❹期　自由大宪章

【顺风快讯】	忘恩负义的"无地王"	44
【世界风云】	战争还未打响，国王已经逃跑	45
	国王被教皇开除教籍	46
	把权力关进笼子里	48
【奇幻漂流】	后悔签了《大宪章》	51
【自由广场】	《大宪章》是一把对付国王的宝剑	52
【名人来了】	特约嘉宾：腓力二世	53
【广告贴吧】	征皇室抄写员一名	55
	修建卢浮宫	55
	不得骚扰自由市	55

第❺期　冒险

【顺风快讯】	天降大任于儿童	57
【奇幻漂流】	我想当童子军的老大	58
【世界风云】	上帝的小使者	59
	孩子们的悲剧	60
【自由广场】	孩子们去哪了	62
【智慧森林】	自由之光——城市	63
	大学是怎么诞生的	65
【名人来了】	特约嘉宾：英诺森三世	68
【广告贴吧】	借款	70
	关于借款的回信	70
	欢迎加入汉萨同盟	70

第❻期　异端

【顺风快讯】	教皇出兵，攻打阿比尔城	72
【奇幻漂流】	异端会被如何处置	73
【世界风云】	这个皇帝不一般	74
【自由广场】	黄祸来啦！	77
【世界风云】	"怪物"成为女王的手下败将	78
	奇异博士被赶出大学	80
【智慧森林】	一部宏大的石头交响乐	82
【名人来了】	特约嘉宾：腓特烈二世	84
【广告贴吧】	"天使博士"开讲啦！	86
	四十天内不得先斩后奏	86
	寻《列那狐的故事》全本	86
【智者为王】	智者为王第2关	87

第❼期 上帝之鞭

【顺风快讯】	"成吉思汗",海一样的皇帝	89
【世界风云】	上帝之鞭扫过来了	90
	颤抖吧,罗斯!	92
	当东方骑兵遇上西方骑士	94
【自由广场】	欧洲骑兵为何打不赢蒙古骑兵	97
【奇幻漂流】	能不能让蒙古人信上帝	98
【名人来了】	特约嘉宾:拔都	99
【广告贴吧】	众将士听好了	101
	推荐新任大汗	101
	制作十字架	101

第❽期 最大的帝国

【顺风快讯】	木剌夷灭亡了	103
【世界风云】	阿拉伯帝国也灭亡了	104
	大元帝国和四大汗国	106
	马可·波罗游中国	109
【奇幻漂流】	马可·波罗说的都是真的吗?	111
【自由广场】	来自中国的好东西	112
【名人来了】	特约嘉宾:忽必烈	113
【广告贴吧】	招驿站管理人员	115
	不用信仰同一个教	115
	讣告	115

第❾期　第一次

【顺风快讯】	皇帝谁来当	117
【世界风云】	步步为营，鲁道夫收回奥地利	118
	长腿战士爱德华	120
	给教皇搬家的国王	122
【奇幻漂流】	想收回佛兰德尔	125
【自由广场】	法兰西爱跟风？	126
【名人来了】	特约嘉宾：腓力四世	127
【广告贴吧】	英法和平条约	129
	我最喜欢的一首诗	129
	禁奢令	129
【智者为王】	智者为王第3关	130

第❿期　英法争王

【顺风快讯】	爱德华痛失法王宝座	132
【自由广场】	来一场骑士之战吧	133
【世界风云】	克雷西会战，英格兰人的荣耀	134
	消灭一切贵族	137
【奇幻漂流】	谁是带来黑死病的"真凶"？	140
【名人来了】	特约嘉宾：理查二世	143
【广告贴吧】	如何控制黑死病	145
	国王的通告	145
	以酒换木	145

第 ⑪ 期　又打成一团

【顺风快讯】	英法两国又打成一团	147
【自由广场】	英法联合，两家变一家	148
【世界风云】	拯救法兰西的女英雄	149
	"蜘蛛"国王统一法国	152
【奇幻漂流】	如何逃离这场"美丽"的战争	154
【名人来了】	特约嘉宾：爱德华四世	155
【广告贴吧】	为贞德平反	157
	禁止羊毛出口	157
	请救救诗人	157
	法国商品，就是好	157

第 ⑫ 期　东罗马的末路

【顺风快讯】	超级大炮出炉啦	159
【绝密档案】	奥斯曼帝国的崛起之路	160
	打败奥斯曼帝国的人	161
	谁能拿到红苹果	163
【奇幻漂流】	东罗马真的是死路一条了吗	165
【世界风云】	向君士坦丁堡开炮	167
	不会倒下的城市倒下了	169
【自由广场】	骑士的命运	171
【智慧森林】	带来光明的印刷术	172
【名人来了】	特约嘉宾：穆罕默德二世	173
【广告贴吧】	警告	175
	船长们的誓言	175
	欢迎热那亚战士的到来	175
	土耳其谚语	175
【智者为王】	智者为王第 4 关	176

【智者为王答案】　　　　　　　　　　　　　　177

【世界历史大事年表】　　　　　　　　　　　179

第1期

【公元 1010 年—1152 年】

走，去耶路撒冷

穿越必读

　　为了夺取东方的圣城和财富，欧洲人组织了一支又一支远征军，向中东进军。这场军事运动持续了两百年，给各国人民带来了深重的灾难，但同时也促进了东西方的文化交流。

顺风快讯

走，到耶路撒冷去！
——来自耶路撒冷的快讯

（本报讯）土耳其人征服阿拉伯人后，耶路撒冷也落到了他们的手中。

耶路撒冷不仅是伊斯兰教、犹太教的圣地，也是基督教的圣地。每一个虔诚的基督徒都有一个梦想，那就是一生之中一定要去圣地耶路撒冷看看，也就是"朝圣"。

这对于欧洲的基督徒来说，并不是一件容易的事。耶路撒冷位于中东，无论是从欧洲的哪个地方出发，光靠两条腿走过去，少则要走上几个月，多则要花上几年。尽管如此，每年还是有成千上万的人义无反顾地奔向耶路撒冷。

不过，阿拉伯人统治耶路撒冷时，待人友善，和大家基本上能和平共处。轮到土耳其人统治时，情况就不一样了。

土耳其人很讨厌基督徒，不想和他们打交道。很多基督徒因为交不起过路费，连城门都进不了；还有的在半路上就被抢劫或杀害了。

这些人回去后向大家诉苦，基督徒们听了都非常愤怒，声称：一定要把耶路撒冷夺回来！

来自耶路撒冷的快讯

东罗马向教皇求救

法兰西某骑士

听说了吗?土耳其人几乎占领了整个小亚细亚,东罗马的皇帝打不过他们,向我们求救来了!

英格兰某平民

向我们求救?我们不早分家了吗?而且我们是泥菩萨过江,自身难保。这几年闹灾荒,很多人破了产,连饭都吃不饱呢!

德意志某骑士

没吃的,才要去找啊。趁这机会去东方捞一把,说不定还能捞个国王当当!哈哈。

法兰西某教士

基督教虽然已经分成天主教和东正教,但大家都是教友,是兄弟。要是东罗马落入他们的手里,西欧能有什么好下场?而且,人家皇帝承诺了,如果我们助他一臂之力,他愿意以后接受罗马教廷的领导。要是能让基督教再次统一起来,那就太好啦!

一次演说引发的战争

公元1095年11月,教皇乌尔班(史称乌尔班二世)来到法兰西南部一个叫克勒芒的小城,发表了一场激动人心的演讲。

他说:"各位亲爱的兄弟们,上帝让我告诉你们,有一件很重要的事情正等着你们去做!我们的东方兄弟,需要我们的帮助!我们的圣地,正需要我们拯救!

"让我们把圣地夺回来吧!那个地方比世界上任何一个地方都要肥沃、富饶,到处都是金子、香料!那里没有贫困,只有幸福,是人类的第二个天堂!

"骑士们,拿上你们的剑,去东方吧!这是一场神圣的战斗!不要怀疑,不要犹豫,离开充满贫困、饥饿和令人忧愁的故乡吧,你们将在那里得到富裕和快乐!"

最后,他还向大家保证:"所有参加战争的人,无论犯了什么罪,都可以得到赦免。如果死在东方,无论是怎么死的,都可以上天堂!"

教皇的演说太打动人心了,人们听了一个个热血沸腾,表示愿意参加远征。因为每个愿意参加的人,衣服上都绣了个红色的"十"字,所以人们称之为"十字军"。

他们原定于1096年的夏天出发。可有些人太心急了,还没等到那一天,就早早地出发了。

带头的是一个叫华特的骑士和一个叫彼得的隐士。华特一贫

世 界 风 云

如洗，大家都叫他穷光蛋。彼得呢，常常骑着毛驴，到处跟人吹嘘，他去过耶路撒冷（不知道是不是真的）。

跟随他们的人五花八门，有农夫，有乞丐，还有的甚至是犯人。他们赤着脚，拿着锄头和镐子，推着小车，日夜不停地向东方前进。

至于耶路撒冷有多远，要走多长时间，路上要怎么找吃的，晚上要睡在哪里，他们都无所谓。他们相信，现在吃点苦，以后就有吃不完的美食，花不完的金钱。

可是，他们实在太穷了，装备也破破烂烂，走着走着，就有人饿死或病死了。

他们的地理知识也不太好，几乎没有人知道耶路撒冷在哪里。每到一座城市，他们就会问："这里是耶路撒冷吗？"其实，他们离耶路撒冷还远得很呢！

最后，这支"先锋"碰上了穆斯林的一支军队，还没有到达目的地就被摧毁了。唉！

鲜血染红了耶路撒冷

公元1096年,第一次东征正式开始了。

也许是汲取了上次的经验教训,这一次,军队里全都是贵族土豪,装备也十分精良。不过,别看他们都顶着贵族头衔,却也穷得叮当响,这是为什么呢?

说起来,这都是长子继承制造成的。所谓长子继承制,就是老领主死后,爵位与财产全部由长子继承,其他的儿子没有继承权,也没有财产,只能沦为骑士。这样一来,国家就出现了很多这样的骑士。骑士们闲着没事干,动不动就拿着刀枪决斗,可说是危害国家安定团结的大祸害,君主们都巴不得把他们支走。

而这些人呢,也想通过这次战争,去东方发笔横财。于是,就组建了这支声势浩大的军队。

到底什么时候才能发财呢?

世界风云

　　虽然比起先锋部队，这帮骑士更有组织、有纪律，但他们走啊走啊，还是走了三年多的时间，才到达耶路撒冷。

　　这可真不是一件容易的事！望着耶路撒冷的城墙，骑士们高兴得发狂。大家有的抱在一起痛哭，有的跪倒在地上祈祷，有的唱赞美诗感谢上帝……然后，他们对耶路撒冷展开了疯狂的进攻。

　　一个多月后，这帮虔诚的基督徒攻破城门，闯进了耶路撒冷。他们像强盗一般争先恐后地抢夺城中的珍宝，然后对城里的百姓展开了一场惨绝人寰的大屠杀，无论是伊斯兰教徒，还是犹太人，甚至连孩子，他们都没放过。一时间，耶路撒冷血流成河。昔日的圣地，变成了一个血淋淋的刑场。

　　而这些骑士却一夜暴富，还在地中海东部建立了四个王国。可以说，他们得到的比他们想象中的要多得多呢！

王后也参加东征了

耶路撒冷被基督教徒抢走了,穆斯林们恨透了这帮来自西方的强盗,过了几十年,他们又打了回来。

教皇急忙向欧洲各国请求支援。可是,各国正忙着互掐呢,没工夫搭理他。只有法王路易(史称路易七世)积极响应,因为不久前他烧了一个教堂,良心不安,想为自己赎罪。

教皇又哭又闹,又是威胁又是骂,过了三年,才逼着德意志国王和法兰西国王先后上了路。

德意志国王生怕被法兰西国王抢了先,率先出发,先是抢劫了一次匈牙利,然后又把东罗马教训了一顿,结果一不小心中了敌人的埋伏,就连国王本人也受了伤,不得不回国接受治疗。

谁来帮帮我啊?!

法兰西的情况要好得多,路易带着自己的王后埃莉诺,一行人一路上游山玩水,搞得像过节似的。可不知怎的,海边突然刮来一阵风,把行李装备都刮跑了,还淹死了不少人。没办法,大家只好改走山路,由王后领着军队当前锋。

山路太陡,队伍太长,天气太

世界风云

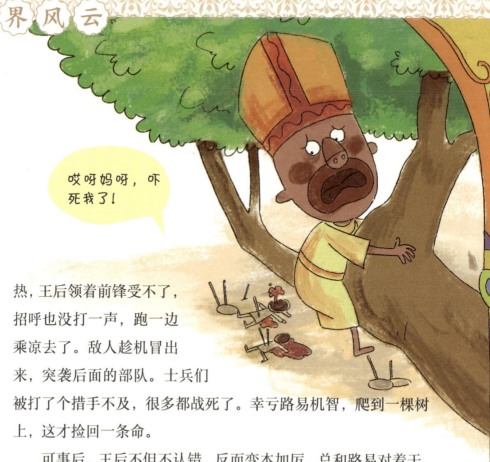

哎呀妈呀,吓死我了!

热,王后领着前锋受不了,招呼也没打一声,跑一边乘凉去了。敌人趁机冒出来,突袭后面的部队。士兵们被打了个措手不及,很多都战死了。幸亏路易机智,爬到一棵树上,这才捡回一条命。

可事后,王后不但不认错,反而变本加厉,总和路易对着干。路易一发火,把王后绑在马上,强行撵了回去,自己去了耶路撒冷,结果没多久,就被穆斯林打败,灰溜溜地回了国。

回国后,路易又不知为何,把他那漂亮的络腮胡子给剃了。王后很生气,见这样立马主动提出与路易离婚。转身嫁给了安茹公爵亨利(史称亨利二世)。

第二次东征就这么可笑地失败了,回到欧洲后,大家你笑我,我骂你,闹得不可开交。从这以后,老百姓也知道十字军就是瞎忽悠,发财也不是件容易的事了。

我该加入哪个骑士团

奇幻漂流

编辑老师:

　　您好!我是这次十字军的一名普通农民。自从抢回耶路撒冷后,大家的心情十分激动,都想为耶路撒冷做点什么,却又不知如何着手。最近,我听说了一个消息,军中成立了好几个骑士团,还欢迎任何人加入,不是贵族也行。

　　这是真的吗?我有点不敢相信。如果是,我适合加入哪个骑士团呢?您能给我个建议吗?

某小兵

这位小兵:

　　你好!我特地去军中探听了一下,消息是真的。主要是耶路撒冷离欧洲太远,万一出了事,跑回去搬救兵也不现实,所以大家就自行组团了。教皇也很支持他们的行动,骑士团不属于任何一个国家,有事直接向教皇报告就行。

　　目前成立的骑士团有很多,最有名的一个是圣殿骑士团,一个是医院骑士团。圣殿骑士团,是法兰西骑士组成的,主要是为了维持圣地治安,向来朝圣的人收取保护费。医院骑士团,由一帮富有爱心的人组成,主要是治病救人。两个骑士团都正能量爆棚,因此很多人愿意向他们捐钱捐物。

　　至于你想加入哪个骑士团,还是你自己选择吧,自己的人生,自己作主。

编辑 穿穿

（注:后来,德意志的骑士也跟风成立了一个"条顿骑士团"。这就是历史上有名的"三大骑士团"。）

名人来了

特约嘉宾
隐士彼得
（简称"彼"）

越越
（简称"越"）

嘉宾简介：他是农民十字军的领袖，也是一名隐士，有人说他是骗子，也有人说他是圣人，就连他座下的毛驴，也成为大家膜拜的对象。

越：您好，彼得先生。您真的去过耶路撒冷吗？

彼：这难道还用怀疑吗？

越：可是，您不是很穷吗？很多穷人因为交不起过路费，连耶路撒冷的大门都进不去呢！

彼：我自有妙计。这个，咱就不在这里公开讨论了吧，低调，低调。

越：哈哈，您现在名气这么大，想低调也低调不起来呢。

彼：哦？我现在也成名人了吗？

越：可不是，到处都有人说您是骗子呢！

彼：谁？谁在那里胡说八道？

越：如果不是，那您解释解释，为何东征的时候，您叫得比谁都响亮；到了真打的时候，您却跑得比谁都快？

彼：哼！一帮乌合之众！我不跑，难道还等着和他们一起送死吗？我忍他们很久了！

越：您忍他们什么了？

彼：小记者有所不知，这帮家伙一路上小偷小摸不断，我本来想睁一只眼闭一只眼算了，后来发生一件事，让我对他们彻底失望了。

越：什么事？

彼：我们经过一个小村庄时，有个人去集市上买鞋，结果和卖鞋的人打了起来，其他人也跟着起哄。我好言相劝，他们不但不听，还拿着刀枪把整个村子的人都杀了，整整四千多条人命呀！唉！这件事以后，我是彻底对这群人，不，这群强盗绝望了！

越：啊？还有这档事？

彼：唉！还有很多事，我就不说了……你说，和这样

名人来了

的人一起混，能有什么出路？

越：呃，这就是您逃跑的理由？

彼：正是正是，所以后来，我加入了正规的十字军部队。

越：那这回应该没什么问题啊，您为什么又想逃跑呢？

彼：那怎么能怪我呢？当时城里什么吃的都没有，不跑，不就饿死了吗？——唉，为啥你只说我的糗事，不说我在战争中的贡献？

越：呃，那您自己说说您的贡献吧。

彼：因为我会说阿拉伯语，所以和穆斯林的所有谈判都是我负责去谈的，虽然效果不大，但没有功劳也有苦劳不是？

越：嗯，是是是。我听说您还发现了"圣枪"（据说是耶稣被钉上十字架时，刺入他身体的一把枪），这可是大功一件，您怎么不说？

彼：呃，这个不是我的功劳，是另一个彼得所为。他说他做了个梦，梦见有人告诉他，圣枪就在城里，只要找到这把枪，大家就能活下来。

越：呃，还真有这把枪啊？

彼：那是当然，要是没找到，我们能打赢这场战争吗？

越：呃，那枪不会是他们提前埋好的吧？

彼：这——这怎么可能？

越：哎，老把戏了，为的就是鼓舞士气！

彼：（尴尬）管他什么戏，能达到目的就是好戏！

越：好吧，今天的采访就到这里吧，再见！

欢迎加入骑士团

以往，骑士是贵族的专属荣誉，需要拥有贵族身份，平民老百姓没有这个资格。现在，我们将打破这个规定，凡是有志当骑士的，不论是平民还是奴隶，都可以加入。

圣殿骑士团

招玻璃搬运工

叙利亚的玻璃薄而透明，天下闻名。现在，我们手中有一批彩色玻璃要运往欧洲的大教堂，需要若干搬运工，要求身强力壮，做事谨慎小心，欢迎有意者前来应聘。

威尼斯商人

战利品拍卖

在本次战争中，本人获得了大量战利品，包括三百本最早的希伯来版本的《圣经》。如果您感兴趣，请带上您的钱前来洽谈。数量有限，先到先得。

某骑士

冲啊！

兄弟们，进城之后，谁在哪栋房屋做了记号，哪栋房屋就归谁所有！勇敢地向前冲吧！

十字军教会

公告

兄弟们，只要你们愿意参加十字军东征，你们所有的债务都将免除债息，并可以延长还债时间。

罗马教会

第 2 期

【公元 1152 年—1199 年】

英雄与国王

穿越必读

在十字军东征中,第三次东征阵容最强大,也最有名,参与者全都是国王。而中东也出了一个大英雄,他就是耶路撒冷的征服者萨拉丁。双方就此展开了一场精彩的博弈。

顺风快讯

法兰西伯爵当上英格兰国王
——来自英格兰伦敦的加急快讯

（本报讯）公元1154年，英格兰传来一个惊人的消息：法兰西的安茹伯爵亨利（史称亨利二世）居然当上了英格兰国王！

有人还说，这王位本来就应该是亨利的。这是怎么回事呢？

原来，亨利的母亲是上上任英王唯一的女儿，本来应该继承王位，没想到半路被自己的表哥也就是现任英王抢了去。亨利的母亲气得要命，和表哥一连打了几年仗，却还是没能把王位抢回来。

亨利娶了法兰西第一富婆埃莉诺后，实力大增，第二年就带着老妈打回了英格兰。刚要一决胜负，邪门的事儿发生了——

一阵大冰雹落下来，把英格兰军队砸个半死。英格兰国王也像中了邪一般，几次从马背上摔下来。最后，只好自认倒霉，答应死后把王位传给亨利。

一年后，英格兰国王去世。亨利也就带着自己的王后，登上了英王的宝座，创建了安茹王朝。因为他的父亲生前喜欢在头上戴一枝金雀花，人们又把它称作"金雀花王朝"。

来自英格兰伦敦的加急快讯

自由广场

人人都有出头之日

亨利这家伙运气可真好，先是靠老爸继承了四五年爵位，接着靠老婆，得了一大片地，现在又靠老妈当上了我们的国王！既没有上演什么狗血的"宫斗"，又没有在沙场上伤过一根汗毛，却成了欧洲最有权力的人之一！这人生，啧啧，简直是开了挂嘛。

英格兰某贵族

法兰西某贵族

我说王后离婚怎么离这么快，结婚也结这么快呢，离婚不到两个月就结婚了，敢情早就看上这个亨利了。

唉！别说了，路易肠子都悔青了！王后是阿基坦的继承人，名下有大片土地，一改嫁，就把这些作为嫁妆一股脑地带给了亨利。现在亨利和他老婆名下的地盘，加起来有法兰西五个大！

法兰西某骑士

雅典人

可不是，离个婚，反而让对手捡了个大便宜！听说路易也想把那些封地要回来，可亨利不干啊，都已经是人家老婆了，凭什么还回去啊！后悔也没有用啰！

有道是"人人都有出头之日"，别看亨利现在这么风光，三十年以后，谁输谁赢，还不一定呢！大家等着瞧吧！

德意志某教士

世界风云

吉星高照的"金雀花"

亨利当上国王的时候,才21岁,正是精力充沛的年纪。小伙子每天骑着马,不是从南跑到北,就是从西跑到东,干劲十足。据说,除了骑马和吃饭以外,他从来没有坐下来休息过。

他先是下令拆除好多座城堡,因为贵族们有自己的大本营,常常与国王对着干。接着,他罢免了一批只会吃喝玩乐的官员,让一些真正有才干的人上位。

以前,骑士从国王那儿领到土地后,就有义务为国王服兵役。可是这个制度有一个致命的缺陷,那就是服役期限太短。可战争一旦打起来,就没完没了。骑士们服役期限一到,就肆无忌惮,不愿听从指挥,这怎么行呢?!

世界风云

亨利想出一个好主意，骑士们如果不想当兵打仗，交一笔钱就可以了。"有钱能使鬼推磨"，国家有了这笔钱，就可以雇人作战。这些雇佣兵看在钱的分上，既能够长期作战，又愿意乖乖听从调遣，可以说是一举两得呢！

不过，最受大家欢迎的改革并不是这些。大家还记得"神命裁判法"吗？英格兰人一直把这个当成法律，执行了很久，结果造成了许多冤假错案，弊端很多。

于是亨利又想出一个新办法，法官去地方审理案件时，由当地人成立一个12人的陪审团。这12人在法庭上作证时，必须宣誓不作伪证。这样一来，许多案件就得到了公平合理的处理，很受人们欢迎。

在他的治理下，英格兰变得井井有条。

可能是亨利的前半生运气实在太好，把后面的运气败光了，到了晚年，他的儿子们为了争权夺利，造老爸的反。就连他最爱的小儿子约翰，也在造反者的名单上。

老亨利伤透了心，长叹一声，说："算了，就让这一切随它去吧！"没多久，他就含恨而终了。

据说他临死前，让画师画了一幅画，画面上四只小鹰正在围攻一只老鹰，让人看了心酸不已。

真正的骑士萨拉丁

在反抗十字军的斗争中，穆斯林出了一位大英雄，名叫萨拉丁。萨拉丁文武双全，三十多岁就做了埃及的老大，把埃及和周边地区搞得风生水起。

萨拉丁为人慷慨大度。有一次，一个侍卫骑马经过一个小水坑，把他的丝绸袍子弄脏了，他一笑了之。还有一次，有个老人把他告上法庭。他不但走下王座，接受审判，赢了官司后，还送给老人一大堆礼品。

就连耶路撒冷也倾慕他的人品，和他讲和并签订了和平协议。

可惜，这个和平的局面很快被一个无赖打破了。

这个无赖叫雷纳德，是骑士团的一个头目，经常带人抢劫阿拉伯的商队，是个职业抢劫犯。

1187年春天，雷纳德又带人抢了一把萨拉丁的商队，这次不但抢了财物，还把人杀了。

萨拉丁知道后，决心为死去的人报仇雪恨。他先是很有礼貌地与耶路撒冷交涉，希望对方交出雷纳德。

可雷纳德听了，却哈哈大笑，说："哎，让他去找他们的主要吧！"意思是，让萨拉丁滚远一点。

萨拉丁气得吐血，当场宣布：要亲自宰了这个无赖！随后他领兵六万，杀向耶路撒冷。

一场大战后，萨拉丁大获全胜，耶路撒冷国王和雷纳德都被

世界风云

你作恶多端,还有脸求饶?

俘虏了。雷纳德向萨拉丁叩头求饶,萨拉丁轻蔑地看了他一眼,说:"禽兽不如的家伙,我要不杀你,天理难容!"说完,砍下了这个恶徒的脑袋。

萨拉丁率军成功地攻进了耶路撒冷。他们进城后,与十字军不同,既没有杀一个平民,也没有烧一栋房子。所有的基督徒,只要想活命,交一点"买命钱"就可以离开,而那些没钱的妇女儿童和老人,不用交一分钱就被放走了。

这事儿传开后,欧洲人都不敢相信自己的耳朵,齐齐称赞他说:"这才是一个真正的骑士啊!"

三个有外号的国王

"耶路撒冷又被抢走了!"

听到这个消息,整个欧洲炸开了锅。教皇一激动,心脏直接停止了跳动。新教皇上任后,第一件大事就是发动第三次东征。

这次东征规模最大,也最有名气,因为领兵的是三位鼎鼎有名的国王——英格兰国王理查、法兰西国王腓力、德意志国王腓特烈。

在三位国王中,腓特烈(史称腓特烈一世)的年纪最大,身体最差,因为有一把红色的胡子,人称"红胡子"。虽然已经是68岁的老头子了,却老当益壮,总想称霸全世界。

可是,这位老人家的运气实在太糟糕,途中遇到一条大河。士兵们见水流湍急,劝他绕道。他不听,还翘了翘自己的红胡子,骂人家是"胆小鬼",非要过河。一个大浪打来,"扑通"一声,他掉进河中淹死了,连耶路撒冷的影子都没看到。

英格兰国王理查是个大英雄,为人仗义,武艺也好,打仗时从来不穿盔甲,人们都很敬佩他。据说他有一次把手伸进一只狮子的嘴里,一把将狮子的心脏抓了出来,因此人们叫他"狮心王"。

理查很看重这次远征,为了凑军费,他让全英格兰人凑份子交税,又把苏格兰卖了,还不够,接着还想卖伦敦,没卖成,看着英格兰人实在没钱了,他才上路。

可钱还是不够啊,他又跑到西西里岛,勒索了一大堆黄金。

世界风云

接着又抢走了东罗马帝国的一块地，转手赚了一大笔。

法兰西国王腓力的外号叫"小狐狸"，从不干赔本的买卖。见理查赚得盆满钵满，要和他分红，理查当然不愿意。两人谁也不听谁的，只好各走各的。

到了耶路撒冷，两人又争着要当"耶路撒冷王"，腓力打不过理查，一气之下，说自己得了重病，需回国救治，竟班师回朝了。

三个国王死了一个，走了一个，剩下理查一人和萨拉丁开打。

萨拉丁早就听说理查的名气，对他十分仰慕。听说理查生病了，又是送水果又是送温暖；看到理查的马不够好，又给他送上一匹好马。理查也不客气，吃了他的水果，骑上他的战马，把他的军队打得一塌糊涂。

士兵们看了都哭笑不得，说再这样打下去，后果不堪设想。

就在这时，英格兰传来一个消息——理查的弟弟约翰起兵叛乱了！理查思来想去，还是王位重要，决定和萨拉丁议和，回国找兄弟算账去。

萨拉丁正巴不得，当即表示，同意基督教徒可以自由地进入耶路撒冷，并给英格兰保留一块地盘。双方对此十分满意，不但握手言和，还成了好朋友。

第三次十字军东征就这样草草收场了。

奇幻漂流

国王去哪了

编辑老师：

　　您好！我是理查的母亲埃莉诺。自从理查去东征后，一切国事都交给几个老臣打理，还没出过什么事。

　　可法王腓力回国后，就唆使我最小的儿子约翰发动叛乱，预谋夺取王位。老臣们内理国政，外抗叛军，真是力不从心。我盼星星盼月亮，盼理查早归。可骑士们一个个陆续回国了，却单单不见理查的身影。我派人问了很多人，都没得到一个准确的消息。眼见秋去冬来，过了快两年，一帮老臣急得胡须头发都白了，却还是没找到国王。

　　唉，国王到底去哪了啊？他现在到底是死还是活呢？

英格兰王太后　埃莉诺

尊敬的王太后：

　　您好！据我所知，签订完协议，理查就立马带兵往回赶。只是理查争强好斗，为人莽撞，这些年没少树敌，再加上东征议和，很多人对这个结果不满意，个个都想抓住他。

　　理查虽然乔装打扮，一路小心，但还是被人逮住，关进了德意志的一座城堡里。只是德意志国土辽阔，具体在哪，一时难以找到。就算是找到了，德意志也不会轻易放人。

　　所以，要救出他，只有一个办法，那就是交钱赎人。等筹够了钱，再去救他不迟。

编辑　穿穿

（注：1194年，英格兰用重金将理查赎回。不久，理查在一次战争中中箭身亡。）

名人来了

特约嘉宾
红胡子腓特烈
（简称"腓"）

越越
（简称"越"）

嘉宾简介：神圣罗马帝国皇帝，德意志最有作为的皇帝之一，人称"巴巴罗萨"，就是"红胡子"的意思。在他的统治下，神圣罗马帝国的国力达到顶峰，成为欧洲最强大的国家。

越：尊敬的陛下，您好！我有一个疑问，为什么欧洲各国的君主中就您被称作"皇帝"，其他的都是国王？

腓：因为我们有个规矩，只有得到教皇认可的帝国君主，才能称为"皇帝"。其他国王，掌管的既不是帝国，又没有得到教皇认可，当然只能做个普普通通的国王了。

越：也就是说，"皇帝"这个称号不能乱用？

腓：对，乱用会惹麻烦的，而且也会被别人鄙视。

越：那这规矩，对你们还挺有利，现在英法两国的国力都不如德意志。

腓：这规矩嘛，说好也不好。好处就是，大家都认这个皇帝，不好就是，教皇总压着皇帝一头，皇帝不爽。

越：人在屋檐下，不得不低头嘛。

腓：低头可以，但不能太过分。像教皇为我加冕那次，就太过分了！

越：怎么过分了？

腓：（仰头长叹一声）本来教皇亲我额头一下，表示祝福，再给我戴上皇冠，加冕仪式就完成了。

越：是啊，那您为什么叹气呢？

腓：可他为了在我面前摆谱儿，竟要求我在他下马的时候为他牵马！我一个王者，怎么可能给别人牵马？

越：可您不答应，他就不加冕啊！

腓：哼，他敢？！我一声令下，在场的千多名教士全都掉了脑袋！

名人来了

越：啊，这太暴力了吧？！怪不得他们说您的"红胡子"是让意大利人的血染红的。

腓：哼，谁叫他们不听话呢？！不听话就要被杀，杀他个片甲不留，杀他个干干净净！让他们知道，谁是神圣罗马帝国的皇帝！

越：（两腿直哆嗦）"神圣"？好霸气的两个字！

腓：哈哈，这罗马教廷不是自称"神圣教廷"吗？那我就是"神圣罗马帝国"喽！大家都是"神圣"的，谁也不比谁差！

越：……可您这样杀杀杀，我感觉"神圣罗马"一点都不神圣哦。

腓：神不神圣又不是你说了算！

越：这是一个大文豪（指伏尔泰）说的呢，说你们"神圣罗马帝国，既不神圣，也不罗马，更不帝国"。

腓：凭啥这么说？

越：第一，你们的皇帝经常跟教皇对着干，这种行为不尊重教会，所以说"不神圣"。

腓：哼，要是不这么干，教会还以为皇帝是病猫！

越：第二，你们的创立者查理大帝不是罗马人，罗马帝国的正统传人是东罗马帝国，你们允其量是冒牌，所以说"不罗马"。

腓：东罗马，哼，不就是一个"小希腊"吗？！有我们强大吗？

越：第三，你们看起来很强大，但实际上是分封制，大大小小的土地归地方所有，帝国之名虚有其表，所以说"不帝国"。

腓：哼，不管你们怎么说，我们都是查理大帝的继承者，不但要称霸德意志，称霸欧洲，还要称霸世界！

越：哦哦哦，那好吧，那您一定要好好保重身体啊！身体是称霸的本钱呢，再见！

（注：本文采访于腓特烈东征溺水之前。）

广告贴吧

⚔ 一起去拯救狮心王

　　女士们，先生们，我们的英雄狮心王被绑架了，约翰王子并不想赎回自己的哥哥！我们不要把希望寄托在他身上了，让我们团结起来，去把理查王救回来吧！

侠盗罗宾汉

⚔ 给儿子的告诫

　　不要问你的臣民信奉什么，而要问他们，有什么样的痛苦。

萨拉丁

🏰 给奥地利的小特权

　　现决定，巴伐利亚公国归狮子亨利所有，原隶属巴伐利亚管辖的奥地利，提升为独立的公国，归巴本堡家族所有。奥地利公爵只能同巴伐利亚一道出席帝国议会。

神圣罗马帝国

🦁 屠城令

　　意大利北部的市民听着，我是罗马帝国的皇帝，有权向你们这些城市征收赋税，有权监督你们的一举一动。若有谁敢违抗我的命令，我就要像血洗米兰一样，在你们的土地上撒上盐巴，让你们的城市寸草不生！

"红胡子"腓特烈

第3期

【公元1195年—1204年】

商人与骑士

穿越必读

在数次的十字军东征中，最特别、最有影响力的，是第四次十字军东征。这次东征，不但没有和穆斯林交锋，还给东罗马帝国带来了毁灭性的打击。

顺风快讯

促东征，新教皇亲自捐款
——来自罗马教廷的加急快讯

（本报讯）公元1198年，新任教皇英诺森三世即位不久，就派人"噔噔噔"地跑到德意志、英格兰和法兰西等国，号召他们团结起来，进行第四次东征。

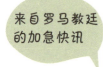
来自罗马教廷的加急快讯

为表示自己的决心，教皇宣布，他将把自己财产的十分之一捐献出来作为军费。此外，他还设置了"乐助箱"，要求所有教徒为这次东征尽一份力，有什么捐什么。

教廷的慷慨，让骑士们的热血又沸腾起来！他们很快又组织起一支四万人的大军。

据最新消息，这一次出征的目标，不是耶路撒冷，而是穆斯林的大本营——埃及。他们认为，只要战胜埃及，将那一伙强大的穆斯林一网打尽，收复耶路撒冷，也就不在话下。

这一次，他们能够成功吗？

世界风云

没有钱，不开船

要说去埃及，最快最省钱的方法，就是走海路。而当今海上运输能力最强的是谁？那就是人名鼎鼎的威尼斯商人。

威尼斯位于意大利的东北部，很久以前，只是一个不起眼的小湿地，除了鱼和盐之外，一无所有。西罗马帝国灭亡后，一帮意大利人逃到这里，靠着卖鱼、卖盐，赚了第一桶金，后来又开始卖木材、卖奴隶……慢慢地建立起一个像模像样的国家。

刚建立的时候，威尼斯一直跟在东罗马帝国的后面，屁颠屁颠地当小弟，日子过得风平浪静。

后来，东罗马帝国西边的一块地方不太平，找威尼斯人帮忙"看家"，给了他们不少好处。聪明的威尼斯人抓住机会，到处跟人做生意，威尼斯很快变成了地中海一带首屈一指的强国。

只有你想不到的，没有我没有的！

有盐吗？

世界风云

十字军首领找到威尼斯的元首（总督）丹多洛，张口就说："我们要组织一支八万人的军队，你们给我们准备二十艘船吧，帮忙运到前线去。"

丹多洛虽然已经八十多岁，但谈起生意来一点也不含糊："要帮忙，没问题，只要给钱，多少船都给你拉来！"

"多少钱？"

"八万五千马克！"——好家伙，这可是一个国王两年的收入！

但十字军出征心切，想也没想，满口答应。双方一拍即合，还签订了一个协议。

威尼斯人谈成了一笔大生意，满心欢喜。为了完成这个订单，发动全国，上下一心，没日没夜地拼命赶工。

可到了第二年，威尼斯人傻眼了——船准备好了，粮食也准备好了，十字军却稀稀拉拉的，只来了不到两万人，还要求威尼斯人给他们打点折，少收点钱。

凭白无故地赔这么一大笔钱，威尼斯人可不干！他们把十字军送到一座孤岛上，表示："哼，没有钱，就别想开船！"

这下，十字军蒙了：怎么办？解散军队，打道回府吗？谁丢得起这个脸？

这时候，丹多洛出来做好人了，他提出一个仁慈的办法："这样吧，我们多的是钱，也不缺你们这点小钱，你们要是没钱，就

世界风云

用别的来还吧!"

怎么还?就是帮他们去攻打匈牙利的城市萨拉。萨拉人总是袭击威尼斯的商船,威尼斯人早就看他们不顺眼了。

可是,萨拉人也是基督徒,是教友,是兄弟,十字军若是对他们动手,岂不是自相残杀?但不这么做,这么多钱怎么还?

十字军心一横,只好上了威尼斯人的贼船,拿下了萨拉。教皇知道这事后,气得跳脚,却又无可奈何。

洗劫完萨拉,威尼斯人总算同意开船了。可走了一半,威尼斯人却说,已经到冬天了,不能出海,要打也要等到春天再打。有些人不听,非要走,结果全部葬身海底,喂了鱼。

我送你离开,千里之外!

"兄弟"相残，穷光蛋变有钱人

到了春天，威尼斯人对十字军说："你们别去攻打埃及了，咱们一块去攻打东罗马帝国吧！"

咦，威尼斯不是东罗马帝国的小弟吗？怎么要攻打东罗马帝国了呢？

原来，威尼斯发达后，东罗马帝国一看，不对啊，我只是请你帮我"看家"，结果你越做越大，还把我的生意抢了，这怎么行？！

这时，西边那一块也没有威胁了，威尼斯人也没什么用处了。于是，东罗马帝国取消了给威尼斯人的特权，要把他们赶出去。

这不是过河拆桥、卸磨杀驴吗？威尼斯人十分愤怒，于是派兵攻打东罗马帝国。威尼斯人浪里来浪里去，海战是他们的强项。东罗马帝国打不过，只好收回成命，可回到家，又觉得败给威尼斯太没面子，又一而再再而三地迫害威尼斯商人。

泱泱大国，居然出尔反尔！从此，威尼斯人对东罗马帝国怀恨在心，两国的关系也越闹越僵。

前些天，教皇接见了一位东罗马帝国的王子，说东罗马帝国发生政变，自己的爸爸被叔叔抢了王位，扔进了大牢。王子逃到这里，想请十字军帮忙，把王位夺回来。

他说，你们现在不是一屁股债吗？东罗马帝国有的是钱，要是能成功，给你们二十万辛苦费，以表感谢。这样，十字军不但能还清那八万五千马克的债务，还能狠赚一笔。

世界风云

最后,他还补了一句:"以后,东正教都听天主教的。"

教皇听了这些条件,很心动,尤其是最后一点,那可是历代教皇一直以来的梦想啊。

丹多洛也一下看到了机会:"既然十字军还不上钱,就让他们去打击一下东罗马帝国,这样还能发一笔大财,岂不是一举两得吗?"

于是,他也爽快地表示,愿意支持攻打东罗马帝国。

人在屋檐下,不得不低头,十字军只好同意——那就打吧!

十字军把军队开到东罗马帝国,不到两周,就攻下了君士坦丁堡。他们像饿狼一般,看见那些值钱的东西就抢,带不走的就毁掉,好像从来没见过钱似的。很多穷光蛋,一夜之间,变成了有钱人。

哇哦,发财了!

奇幻漂流

钱是还不上了

编辑老师：

　　你好！我是东罗马的皇帝亚历克修。虽然我救出了父皇，但父皇很不高兴。他说十字军要这么多钱，纯粹是趁火打劫。可我答应过对方的事又不能反悔，只能从老百姓那里征集。好不容易凑了一半，老百姓又起来造反。

　　没办法，我只好请十字军再给我点时间。可十字军不但不同意，还叫嚣说："怎么把你们拖出泥潭，就把你们怎么踹回去！"

　　唉，现在我已经走投无路，既然还也不行，不还也不行，那我就不还了吧！

亚历克修四世

尊敬的皇帝陛下：

　　您好！您不惧艰难险阻救出父亲，精神可嘉。可是，您怎么能以牺牲百姓的利益为代价，向对方许下不切实际的承诺呢？

　　事已至此，逃避是没有用的，诚实面对才能解决问题。当务之急，第一要稳住十字军，告诉他们钱一定会还的，不要把他们惹恼了；第二，要稳住百姓，取得大家的谅解。否则，十字军随时会抢劫这座城市，老百姓也随时会攻进宫廷，废了你们父子。先不要冲动，切记切记！

编辑 穿穿

　　（注：东罗马拒绝支付报酬，十字军一怒，将君士坦丁堡洗劫一空，一把火将这座千年古城变成了一片废墟。）

自由广场

什么时候收回圣城

法兰克
某市民

这帮人，埃及没有去成，反而将自家兄弟揍了一顿，真是让人痛心！亏他们还说自己是骑士，有骑士精神，这所作所为，跟强盗、土匪有什么分别？！

德国
某平民

你以为东征是为了荣耀，为了信仰？全都是借口！还不是见钱眼开，想抢人家几笔！想靠这些罪人收回圣城，做梦！

德国
某贵族

你们说，十字军不把教皇的命令放在眼里，多次和自家兄弟相残，教皇虽然也骂了他们，却又不惩罚他们。这到底啥意思呀？

意大利
某教士

我们为什么会西边一个罗马，东边一个拜占庭？还不是因为东西不是一条心，互相看不起。西边想借这机会，到东边发笔横财；东边想借刀杀人，把他们灭掉。唉，老这样窝里斗，什么时候能收回圣城啊？

名人来了

特约嘉宾 **丹多洛**（简称"丹"）

越越（简称"越"）

嘉宾简介：威尼斯共和国有史以来最伟大的人物，85岁时，当选为威尼斯总督。他精明强干，一生为威尼斯奋斗，几乎是攻无不克、战无不胜，在威尼斯人心目中，是一个不折不扣的大英雄。

越：您好，总督大人！

丹：您说什么？我听不见！大声点！

越：（大声）我说——总督大人，见到您很高兴！

丹：高兴？我年纪又大，又驼又瞎，难道你一点都不吃惊？

越：是啊，您老都90岁了，身体又不好，怎么不回家养老，还在外面瞎折腾呢？

丹：（不悦）怎么？看不起老人？我虽然眼睛瞎了，但我这心里跟明镜似的，什么能做，什么不能做，我明白着呢！

越：可您当年接下十字军那笔单，不就接错了吗？那帮人穷得叮当响，明摆着付不起啊！

丹：接错？傻小子，我不搞这么大动静，威尼斯人会跟他们较劲吗？十字军会因为还不起钱，听从我的摆布吗？

越：啊，您的意思是，这是您一开始就设下的圈套？

丹：我可没这么说。他们不讲诚信，难道不应该照价赔偿？

越：大家都是基督徒，如果您能给他们打点折，不也算是为收复耶路撒冷，做了点贡献吗？

丹：说你傻，你还真傻。我们威尼斯有个顺口溜，"先做威尼斯人，再做基督徒。"要我们打折，那比让骆驼穿过针眼还难！

越：那也用不着唆使十字军去攻打东罗马吧？

丹：穆斯林是我们的生意伙伴，他们一打，把我们的生意搅黄了怎么行？至于东罗马嘛，哼，我早就想收拾他们了！

越：原来是这样。那你们这么做，不怕被教廷开除吗？

39

名人来了

丹：怕什么？威尼斯又不靠教廷吃饭！我们有自己的军队，自己的生意，他们还要求我们呢！

越：佩服！你们这么厉害，向老百姓收了不少税吧？

丹：我们跟别的国家不一样。一般国家是靠向百姓收税发财，我们威尼斯，靠的是国债。

越：什么是国债？

丹：就是让大家借点钱给国家。我们每隔一段时间会进行一次调查，查查每个威尼斯人的收入，然后让他们根据收入的多少，购买相应的国债。

越：大家都会买吗？要是不买怎么办？

丹：买，必须买，这是硬性规定！每个威尼斯人都要买，尤其是官员，官越大，买得就越多。

越：这不是强迫人吗？

丹：不会啊，买我们的国债很划算，利息比别的银行高多了，收入又稳定，连外国人都想买！

越：哦，收入稳定了，大家就不会想着脱离威尼斯了，一旦脱离了，这笔钱就跟着蒸发了，是吧？

丹：你总算聪明了一回。

越：唉，你们这么精明，十字军那帮头脑简单、四肢发达的莽夫，怎么玩得过你们呢！要是换作我，我就找别人合作去！

丹：找谁？我们的船比其他地方的船便宜多了，如果他们不是人多，这种交易我都不会考虑！

越：好了，总之，东罗马已经被那帮莽夫糟蹋了。我想请问，作为始作俑者，亲眼目睹这一切，您的良心就不会痛吗？

丹：良心？只有弱者才会把这个词挂在嘴边，强者才不管什么良心不良心的。

越：……

丹：不过，那么多宝贝被损坏了，确实让人心疼。所以我从那帮家伙手中买了很多，花了不少钱呢！没有我，损失更大！

越：是非功过，让后人评说吧！谢谢您接受我的采访！

丹：我做的一切，都是为了威尼斯人，有什么过？再见！

广告贴吧

给十字军的公开信

我对你们的所作所为非常失望，如果谁再次攻占君士坦丁堡，并且干出伤天害理的事情，我将开除谁的教籍。如果是军队行为，我将把军队的所有人全部开除教籍。不过鉴于这次将士们将君士坦丁堡重新纳入罗马管辖下，就免于处罚，下不为例。

英诺森三世

战利品分配方案

经威尼斯人核算，本次缴获的战利品价值五十多万马克，连圣索菲亚大教堂都难以容纳。为避免因分配不均产生纠纷，现威尼斯提出以下方案：我军只需支付威尼斯应得费用三万五千马克，剩下的四十多万马克全部交给我军处理。即日遵照执行。

战利品清点中心

诚招投资方

现有大量玻璃急需运到希腊，预计利润可达十万马克。因资金有限，有哪些朋友有兴趣，欢迎前来参与投资。公司将把所得利润的三分之一分给投资者。当然，为了您的资产安全，我们会找多方投资，大家共负盈亏，共担风险，请大家放心。

威尼斯某融资公司

智者为王 第❶关

① 去耶路撒冷的人，会带什么东西回来作纪念品？

② 第一次东征军经过多少年的时间，才到达耶路撒冷？

③ 带着王后东征的是哪一个国王？

④ 农民十字军的两个领袖是什么身份？

⑤ 叙利亚的什么产品天下闻名？

⑥ 安茹王朝又叫什么王朝？

⑦ 在第三次东征中，谁和谁握手言和？

⑧ 规模最大的一次东征是哪一次？

⑨ 理查回国时，被哪个国家抓住关了起来？

⑩ "巴巴罗萨"是什么意思？

⑪ "神圣罗马帝国，既不神圣，也不罗马，更不帝国。"这句话是哪个大文豪说的？

⑫ 第四次出征的目标是哪里？

⑬ 十字军为了过海，请什么人帮忙造船？

⑭ 第四次十字军东征最后把东罗马的哪个地方烧了？

⑮ 丹多洛当选威尼斯总督时年纪有多大？

智者无敌　王者为大

第4期

【公元1199年—1215年】

自由大宪章

穿越必读

　　当十字军与欧洲人打得火热时，英格兰接二连三地发生了几件大事，国王约翰不仅得罪了教皇，还让英格兰失去了大量土地。为了限制他的王权，愤怒的英格兰人不得不逼他签署了《大宪章》。

顺风快讯

忘恩负义的"无地王"
——来自英格兰伦敦的加急快讯

（本报讯）公元1199年，"狮心王"理查不幸中箭身亡，他最小的弟弟约翰（史称约翰一世）继承了王位。

约翰有个外号，叫"无地王"。因为他出生得太晚，法兰西的土地早就分给了约翰的几个哥哥，到了约翰这里，已经无地可分。

老国王在世时，最宠这个幼子，为了帮他争点地盘，竟不惜与几个儿子反目成仇，兵戈相向。他倒好，见父亲打不过哥哥们，竟然双脚一抹油，跑去支持哥哥们，把老国王活活地气死了——而这只是他背叛的开始。

后来，他又受法王的唆使，趁理查东征被人俘获时，阴谋夺取王位。只是不知怎的，理查回国后，竟然宽恕了他。你们说，让这样一个见利忘义、不知好歹的家伙当国王，大家怎么会喜欢呢？

来自英格兰伦敦的加急快讯

战争还未打响，国王已经逃跑

其实，除了约翰外，有资格继承英格兰王位的，还有一个人，那就是约翰年幼的侄儿——亚瑟。很多人都支持他。

为了保住自己的王位，自私的约翰与腓力（即腓力二世）签订了一个和约，表示愿意向法兰西臣服。他哪知道，狡猾的腓力早就将亚瑟这张王牌接到法国王宫，保护起来。

等到亚瑟十六岁时，腓力就帮他召集了一支军队，让他去造叔叔的反。

结果亚瑟运气不好，被约翰活捉了。从那以后，就再也没有人见过亚瑟了。

这下腓力有话说了，他说，亚瑟一直住在法兰西，法兰西必须对他负责，要求约翰到法兰西去接受审判——这当然只是个借口。约翰知道这一去凶多吉少，便回复说"不去"！

没想到，这一来正中腓力二世下怀。他当即宣布——约翰违抗王命，为表示惩戒，没收其在法兰西的所有领地！

命令一出，法军立即攻入英格兰领地。

可事实上，这场战争并没有打起来。为什么呢？

原来，大家早已对约翰心灰意冷，没有人愿意为他卖命。很多人向法兰西投了降，有的甚至还举起了反旗。

约翰见此情形，长叹一声，丢下自己的军队，逃回了英格兰。诺曼底、安茹等地纷纷落入法王的手中。如此一来，他的绰号"失地王"就更名副其实了。

国王被教皇开除教籍

失去了大片土地,约翰在英格兰人面前抬不起头来,很不甘心,总想着如何把土地给弄回来。可是,屋漏偏逢连夜雨,他的运气实在是太糟糕,因为,又一个麻烦找上了门——

这一次,他得罪的是罗马教皇英诺森三世。

原来,英格兰的一名主教去世了。根据以往的规矩,教皇给英格兰重新安排了一个主教。

可约翰贪图教会的财富,趾高气昂地说:"英格兰的事,用不着外人来管!"把教皇派来的人赶出了英格兰,让自己的朋友做了新主教。

教皇本是个厉害角色,哪容许约翰这么做。为了好好地教训一下约翰,他关闭了英格兰所有的教堂,还特别申明,直到约翰做出让步为止。

关了教堂,就没有了做活动的地方。教徒们不但不能做礼拜,而且不能办婚礼和葬礼。因此,教徒们十分痛恨约翰,认为自己死去的亲人没能进入天堂,是国王造成的。

可约翰根本不予理会,反而变本加厉,趁机没收一些教堂和修道院的财物,放进自己的口袋,还说那些教士都是教皇的狗腿子,把他们抓进大牢。

这样一来,很多主教都不敢待在英格兰了,纷纷逃跑。

教皇见约翰死猪不怕开水烫,当即使出撒手锏——开除约

世界风云

翰的教籍，废除他的王位！就像当年对付神圣罗马帝国的亨利四世一样。

那么，约翰会像亨利四世一样，丢下国王颜面请求教皇宽恕吗？

"哈哈"，他说，"当不当教徒，其实我一点儿都不在乎！"

这可是完全不把教会放在眼里啊！

教皇心里的怒火"腾"的一下被点着了。于是，他发动所有反对约翰的欧洲人，包括英格兰人，共同讨伐约翰，要把约翰赶下台去。

约翰一看，不好，来真的了啊！顿时害怕起来，乖乖地跪在教皇的使者面前，表示向教皇屈服——不但接受教皇安排的新主教，赔偿了教会的损失，还许诺每年给教皇一大笔钱。

唉，早知今日，何必当初呢！

世界风云

把权力关进笼子里

约翰被教皇教训了一顿,这下,他该学乖了吧?

哈,才不会呢!

他就像一个被宠坏的孩子,认为所有人都必须听他使唤,给他做事,为他赚钱。

所以,当他找法兰西再次开战的时侯,又开始找老百姓要钱。老百姓给不起,他就把人抓起来,给人用刑,一直打到人皮开肉绽、头破血流为止。就连贵族们他也不放过,总是找理由没收他们的田地,向他们勒索。

到最后,贵族们也忍无可忍了——国王没有履行他的义务,凭什么要求这么多的权力!

公元1215年春天,愤怒的贵族们集结起来,占领了伦敦,并把约翰抓起来,囚禁在一个小岛上。

在泰晤士河边的一块草坪上,双方进行了一场为期四天的谈

救命啊!

判。贵族们向约翰提出了各种要求。其中最重要的两条是：

一、一个人如果做错了事，必须经过公正的审判，才可以处罚他，其他人包括国王，都不能任意逮捕他。

二、人们有权保护自己的钱财，除非经过大家同意，国王不得找任何借口向人们要钱。

光是这两项规定，就把约翰气得七窍生烟——这跟一个普通的贵族有什么区别？！

不过，"好汉不吃眼前亏"，约翰虽然算不上什么好汉，但也明白这时候跟他们作对，不但会吃亏，而且有可能脑袋都会搬家，更主要的是，他不想白白便宜了法兰西人。

于是在整整四天的谈判之后，他一股脑儿全答应了。

贵族们怕约翰出尔反尔，把那些要求一项一项用白纸黑字写下来，然后叫约翰签名。

好笑的是，约翰虽然是个国王，却不会写字，用来签名的是一枚印章戒指。也就是把烧化的蜡油滴在要签名的地方，然后把印章往上面一按就行了。

也就是说，只要约翰签了字，这份停战协议，也就是《大宪章》，就正式生效了。约翰以及他以后的国王都必须照着做。

据说，约翰签字后回到宫中，仰天狂叫一声："他们给我加上了25个太上皇！"说完，一头栽倒在地上，昏了过去。

大家都说，这个《大宪章》好比一个大笼子，把国王的权力关了进去。以前人们都是国王的仆人，现在国王成了人们的公仆啦！这可是开天辟地头一回呢！

嘻哈乐园

后悔签了《大宪章》

编辑老师：

　　你好！自从签署了那个《大宪章》后，我就十二万分后悔。这个宪章把我管得死死的，作为一个国王，我居然不能随意处置我的属下和子民，也不能随意剥夺他们的财产，甚至不能向他们加税。

　　总之是这也不能做，那也不能做，你说这个国王做得还有什么意思呢？这个本来也不是我心甘情愿签下来的，有什么办法可以把我的权力重新夺回来吗？

英格兰国王 约翰

尊敬的国王陛下：

　　您好！我劝您还是不要做收回权力的美梦了，英格兰人是不会支持您的。没有子民支持的国王，就算拥有一万个国王的头衔，又有什么用呢？

　　这个《大宪章》虽然限制了您的权力，但也明确了您的君主地位。如果您能安安静静地做一个国王，不再惹是生非、任性妄为，不再和您的子民对着干，英格兰人也会安安心心地做您的子民，您就再也不用担心有人反抗您、推翻您了。

　　这样，您还有您的子子孙孙，说不定世世代代都能享有这种待遇，这不挺好的吗？

编辑 穿穿

（注：约翰王拒绝执行《大宪章》，再次引起内战。最终，约翰本人病死，内战以王室的失败而告终。）

自由广场

《大宪章》是一把对付国王的宝剑

贵族

这个《大宪章》真不错,以后征税、打仗、征兵这些事情,都不是由国王一个人说了算了,都得受法律约束。哈哈,以后大家都自由了!

骑士

这样不好吧!一个国好比一个家,没有个说了算的当家人怎么行?什么事情都要开个会,大家你一句,我一句,吵吵嚷嚷的,那得多久才能做决定啊!

农夫

你忘了约翰王上台后,多收了多少税金,丢了多少地,浪费了多少钱吗?国王也是人,也会做错事,用法律限制他一下,他想加税、打仗就没那么容易了!

这宪章,只是写得漂亮,听说约翰王拒绝遵守《大宪章》,把它束之高阁啦,以后能不能执行都是问题。大家不要对它抱太大的希望了吧!

卖香槟的女人

伯爵

那可不行,如果不能执行,咱不都白干了吗?这可是咱们智慧的结晶,放眼全世界,还有谁像咱们英格兰人想出这种招了?没有!我们必须守住这个成果!守住这个成果,我们才能实现真正的"自由"!

名人来了

特约嘉宾
腓力二世
（简称"腓"）

越越
（简称"越"）

> 嘉宾简介：法兰西卡佩王朝的第七任国王，英格兰最强悍的对手，少年老成，心机深沉，人称"小狐狸"。他在与几任英格兰国王的斗争中，将法兰西的领地扩张三倍，王室的力量也由弱转强，可以说是法兰西的"奥古斯都"。

越：国王陛下，最近约翰王摊上大事了，您心情可好？

腓：这还用问吗？当然是好啊！

越：请问您对他这个对手是怎么评价的？

腓：说他是我的对手我都觉得丢人，整个一猪脑袋！

越：（汗）评价这么低？

腓：不是猪，怎么会犯这么多愚蠢的错误？

越：哦，什么错误？愿闻其详。

腓：第一，他不该杀了亚瑟。

越：是不是他杀的，现在尚无定论吧？

腓：在别人看来，不是他杀的也是他杀的！因为他是最大受益者！让亚瑟死了，就是他的错！

越：咦，两虎相争，你坐山观虎斗，最大的受益者不是您吗？

腓：（正色）小记者，饭可以乱吃，话可不能乱讲。没有证据，小心你的脑袋！

越：……我只是随便猜猜。那第二个错误呢？

腓：第二嘛，就是娶错了老婆。

越：这……我可是听说他的王后长得是倾国倾城，怎么会娶错呢？您该不会是嫉妒人家吧？

腓：红颜祸水，你没听说过吗？这个美人原本已经和我法兰西的一个人订了婚，约翰却色胆包天，硬把美人娶了过去。那王后的未婚夫能善罢甘休？他跟我告状，我能不管？

越：噢，也就是说，又给了您一个出兵英格兰的理由。那第三个错误呢？

腓：第三就是找错了盟友。神

名人来了

　　圣罗马帝国的皇帝奥托四世被教皇孤立，自身难保，哪有力气对付他人？作战的时候，跑得比兔子还快。

越：唉，不怕神一样的对手，就怕猪一样的队友！——那这次约翰王被自己人给害了，也是他咎由自取了？

腓：难道不是吗？我非常理解英格兰人。亨利的这几个儿子没一个省心的，成天掐，掐完父亲掐兄弟，掐完兄弟掐侄子，掐完侄子掐臣子，再这么折腾下去，估计整个英格兰都保不住了。

越：哦，我怎么听说，他们这么掐，是您在背后搞鬼呢？

腓：注意用词！这不叫搞鬼，这叫借力打力！

越：那您也打得太狠了，先是离间理查和他的父亲，接着又离间理查和约翰，后来又离间约翰和亚瑟，现在又离间约翰和他的臣民……

腓：我就一句话，苍蝇不叮无缝的蛋！

越：您是说——自己是苍蝇吗？

腓：（怒）放肆！

越：（吓得直哆嗦）啊，不敢不敢。我是说，国王您太英明了！——（转移话题）那对于《大宪章》这事，您怎么看？

腓：作为一个国王，我认为，这帮贵族也闹得太离谱了。一个国王没有权力还叫什么国王？没有国王，还有什么国家？

越：我倒觉得挺好的啊。你们法兰西要不要效仿一下？

腓：我国王做得好好的，干嘛要效仿他们？只有约翰这种无能之辈才受人摆布，至于我法兰西，是不会有这种事发生的！

越：世事难料，不过，我还是祝法兰西好运吧！

广告贴吧

✠ 征皇室抄写员一名

　　大家知道，《大宪章》并不是用英文写的，而是用拉丁文。拉丁文是我国当前被认为最正式的文字，所以凡是重要的文件，都用拉丁文写。因此，现招收精通拉丁文的秘书一名，抄写《大宪章》的副本送往各地，由皇室官员及主教保存。

　　有意者，请与皇室秘书处联系。

英格兰皇室秘书处

🏛 修建卢浮宫

　　为保卫北岸的巴黎地区，现决定在巴黎修建一座通向塞纳河的方形城堡，暂定名为卢浮宫，主要用于存放王室的档案和珍宝，同时用来安置战俘，以及国王（指腓力二世）的狗。

法兰西卢浮宫工程管理处

⚔ 不得骚扰自由市

　　所有将士们听着，自由市是进行商业和贸易的地方，拥有一定的自治权。为保护经济发展，我们在打仗的时候，请尽量不要去骚扰自由市。

英格兰伦敦自由市管理中心

第 5 期

【公元 1205 年—1213 年】

冒险

穿越必读

　　在一次又一次的战争失败以后，年幼的孩子随后成了战争的牺牲品。人们在痛恨战争的同时，却发现了另一个崭新的世界。从此，人们开始了新的冒险旅程……

顺风快讯

天降大任于儿童
——不知来自何处的快讯

（本报讯）十字军打来打去，打了两百多年，还没有结果，让人心里非常郁闷——为什么牧师们说上帝会保佑他们，但他们总是失败呢？

人们左思右想，还是想不明白。有些人想不明白，干脆不参与了。

这时，不知从哪里传来一种说法——说十字军老打败仗，是因为做了太多坏事，罪孽深重！只有纯洁无瑕的孩子，才能得到上帝的保佑！因此，教会准备成立一支"儿童十字军"，去完成罪恶的大人完成不了的任务！

人们半信半疑，怎么能让孩子去冒险呢？这一定是个谣言！一个荒诞不经的谣言！是别有用心的人，为了凑够足够的炮灰，制造的新一轮的欺骗！

尽管如此，这个说法还是像风一样传遍了整个欧洲，特别是乡村。

天真无邪的孩子会相信吗？请大家继续关注接下来的报道。

> 不知来自何处的快讯

奇幻漂流

我想当童子军的老大

编辑老师：

您好！我叫斯蒂芬，今年12岁，你一定不知道我是谁，没关系，以后你会记住我的名字。

我是一个牧童，从小父母双亡，只有一个养父。我的养父是个大字不识的农民，曾经参加过十字军战争，在战争中抢了点财宝，幸运地回到了法兰西。每当他向我讲起这段经历，说起十字军抢了一车一车的金银财宝时，脸上总是一副骄傲的表情。

所以我想，到东方打仗，一定是一件很光彩的事，还能拥有很多很多财宝。

听说，现在教会正在积极组织儿童十字军，我特别想去，以我的才能，说不定可以捞个老大当当。不过，这种好事得想个办法才能实现，你帮我想个办法好吗？

未来的童子军总指挥　斯蒂芬

斯蒂芬小朋友：

你好！你是不是觉得自己比大人还要勇敢呢？一个人面对危险，仍能勇往直前，确实叫作勇敢。但是，我想说的是，无视危险，对危险缺乏正确判断的行为，不叫勇敢，叫莽撞，叫愚蠢。

你想想，大人们什么都有，有军队，有武器，有粮食，都没有打赢这场战争，你们这些孩子就可以吗？你们手无寸铁，自己都需要被照料，被保护，说白了，可能连只鸡都杀不了，又怎么可能去打仗！

所以，放弃这个愚蠢的念头吧！平安长大，胜过拥有一切财宝。

编辑　穿穿

上帝的小使者

公元1212年的一个下午，一个十一二岁的男孩来到法兰西巴黎圣日耳曼修道院的门前，开始祷告。

神父看见了，问他："孩子，你从哪里来？"

男孩抬起头，突然大声说："我是上帝的使者！还不出来接驾？！"

神父一听，惊呆了："你还不过是个孩子……"

男孩站了起来，说："我梦见上帝了，上帝任命我担任童子军的总指挥，让我带大家去东方完成这次使命！"

神父一听，立即将这个孩子毕恭毕敬地供养了起来。据说，这个孩子就是斯蒂芬。

而教皇听说"上帝的使者"出现了，也非常高兴，亲自接见了斯蒂芬，并对斯蒂芬的表现给予了大力表扬。

在教皇的授意下，斯蒂芬开始在巴黎的每一个地方进行宣传。他绘声绘色地向人们讲述上帝显灵的故事，号召孩子们跟他一起去东方，给这场战争画上一个句号。

接着，他又像辛勤的小蜜蜂一样，周游农村各地，将以上言论又重复了一遍又一遍。

别看他年纪小，演讲起来却头头是道。而农村的大多数大人都没什么文化，更别说孩子了。天真的孩子们被煽动起来，像着了魔一样，纷纷走上街头，踊跃参加"童子军"。

仅仅三个月的时间，斯蒂芬的旗下就聚集了三万多的孩子。而斯蒂芬也实现了自己的愿望，成了名副其实的儿童十字军总指挥。

世界风云

孩子们的悲剧

1212年6月,尽管亲人们竭力反对,但孩子们还是义无反顾地跟着斯蒂芬,离家出发了。他们戴着十字架,背着行囊,一边走一边唱,不知道的人还以为他们去集体郊游呢。

走了很久,他们突然意识到一个问题:我们的食物呢?没有食物怎么办?

这可难不倒斯蒂芬。他跑到修道院去发表演讲,甚至发动大家去讨饭。填饱了肚子,斯蒂芬率领着队伍继续向南走。走啊走啊,来到一个叫马赛的城市。

当他们走到海边时,数以千计的人们跟了过来。

原来,在出发前,斯蒂芬曾跟大家说,因为他是上帝的使者,海水会在他们面前自动分开,就像当年红海为摩西分

我有办法!

世界风云

开一样，孩子们会如履平地一般，在海上行走。

所以，大家都想来看看，上帝的小使者是怎样来创造奇迹的。

然而，奇迹并没有出现。海水像往常一样，一波又一波地涌向沙滩，根本没有分开的迹象。

不是说海水会分开吗？

孩子们瞬间变得非常失望。他们离开亲爱的父母，离开温暖的家，走了这么远的路，吃了这么多的苦来到这里，为的就是可以见到奇迹，可现在，却什么都没有出现！

这不是骗子吗？愤怒的孩子们开始指责斯蒂芬。

然而，指责有用吗？是继续往前走，还是回家？向前，前面是大海；回家，路费又不够。

就在大家一筹莫展的时候，来了几个人。有个商人走到斯蒂芬面前，毕恭毕敬地说道：

"尊敬的'上帝的使者'，上船吧，让我们来帮您渡过大海。"

斯蒂芬信以为真，于是带着孩子们上了船，从此音信全无。

一场让世人瞩目的儿童十字军就这样结束了。

尽管有人称他们为儿童十字军，但实际上，这支军队没有和任何一个敌人战斗，没有伤害到任何一个人。

自由广场

孩子们去哪了

法兰西农妇

天啊！我们那些纯洁无瑕的孩子哪里去了？那些孩子，上帝把他们藏到哪里去了呢？不是说上帝会保护他们的吗？

唉！听说他们坐的船遇到了风暴，孩子们有的葬身海底，有的被人贩子卖到了埃及，成了伊斯兰教徒的奴隶；只有少数人比较幸运，回到了家中。为什么我们法兰西人这么傻呢？

法兰西女工

德意志农民

不只法兰西人傻，我们德意志人也一样啊！我们也组织了一个儿童十字军，那个叫尼古拉斯的领袖才10岁，却是个吹牛大王，把两万多孩子骗到了热那亚。孩子们有家回不了，多半死在半路上，有的被海盗抓了去，永远消失了。可怜啊！

为什么要让这么多孩子白白去送死？打了这么多次仗，大家难道还不应该吸取经验教训吗？东方并不是天堂，那是地狱！我们再也不要战争了，我们要为死去的亲人和惨死的孩子报仇！报仇！

法兰西里昂小兵

自由之光——城市

十字军东征以前,欧洲的情况十分糟糕。人们住的是低矮的小棚屋,街上到处是猪,就连住在宫殿里的国王,也被那些猪的臭气熏倒过。

人们不知道外面是什么样,日复一日、年复一年地在城堡附近种田、做工,以满足领主的需求,好在危险来临时,得到领主的保护。甚至领主出门时,还要跪在领主面前吻他的手。

然而,十字军东征,让大家看到了一个崭新的世界——与敌人比起来,他们是多么无知和落后。所以,他们脱下了冷冰冰的铠甲,穿上了轻柔的丝绸,喝上了香喷喷的咖啡,回到故乡后,还把一些新奇的玩意儿拿到各个集市去卖。

以前,人们很少使用金币,总是准备一堆的鸡蛋、酒和蜜去交换。现在,只要像东方人一样,带上一些圆形的铜片——钱币,就可以了。

可是,每到一个城堡,领主总是想方设法地剥削他们,逼他们交税。尽管如此,小贩们还是背着包四处叫卖。

很快,他们就发现这些从东方弄来的货物自己也可以种,可以做。于是,他们干脆

智慧森林

把自己家变成了一个作坊，摇身一变，成了制造业的业主。

为了保护自己的利益，人们想了一个办法，同行业的人结成一个联盟，即行会，固定在一个集市住下来。这样，领主就只能来找他们买东西了。

行会种类繁多，有制衣行会、打铁行会，以及酿酒行会等。如果你要买衣服，到了制衣街，肯定可以买到。慢慢地，这些集市越做越大，之后就发展成了城市。

刚开始，城市被领主管着。不过，领主们也有缺钱的时候，有时候，他们不得不低下高贵的头颅，向商人们借钱。这时候，商人就趁机提出一些条件，要求能够得到一些自由，比如自由出入城堡。有了自由后，商人们又希望能够自己选市长，选议会，制定自己的法律，创建自己的军队。

领主们为了能借到钱，不管对方提什么要求，都统统答应，就算是事后想反悔，也无可奈何。

到了后来，城市的人们想做什么就做什么。一个农奴，只要在城中住满一年零一天，就可以成为自由人，再也不用受领主的管制。因此，城市里越来越热闹。人们再也不喜欢乌漆麻黑的城堡，纷纷搬到宽大而又明亮的城市去住。

到现在，欧洲出现了很多繁华的城市，比如英格兰的伦敦、法兰西的巴黎等。

大家都说，在城市里，连空气都是自由的呢！

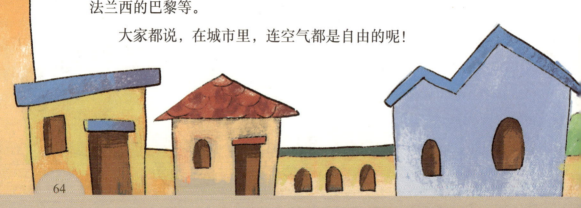

智慧森林

大学是怎么诞生的

十字军东征以前,人们没有什么学问,唯一有学问的教士,也只会背诵《圣经》。他们认为,书读得越多,知道得越多,就越不容易上天堂,所以不鼓励大家读书。

战争结束以后,有些人喜欢分享,愿意把学到的一切教给人们。只要有人感兴趣,不管是什么时候,什么地点,他都可以开始演讲。如果讲得好,就会有一批固定的粉丝。

在法兰西,人们最喜欢去的地方是塞纳河边的一个大教堂。有位修道士经常在那演讲,一讲就是一上午。

很多年轻人都跑去听他讲课。大家坐在铺着稻秆的地上,认真记笔记,不畏严寒,不惧酷暑,从不间断。

慢慢地,一个像模像样的大学(即后来的巴黎大学)就形成

智慧森林

了。欧洲各地的学生都纷纷跑来求学,最多的时候高达几万人。

后来,英王和法王发生争吵,巴黎大学的英格兰学者就回到英格兰,创建了自己的大学——牛津大学和剑桥大学。

想进入这些大学吗?很简单。只要你会读,会写,会计算,13岁左右就能成为大学生,而且不用参加考试。教材也多半是古代学者如亚里士多德、托勒密等人传下来的著作。

学生和老师之间也没有任何约束和规定。有些学生还自己出学费,请教授来上课。要是教授上课迟到或请假,学生们还可以扣他的薪水。

大学生还享有国家给予的各种好处,比如不用服兵役,也不用纳税,犯了罪也不用接受法院的审判。

不过,这些好处跟女人无关。因为这些大学都规定——女子是不准进大学的。唉!

名人来了

特约嘉宾
英诺森三世
（简称"英"）

越越
（简称"越"）

> 嘉宾简介：迄今为止最有名气的教皇。他胸有城府，且极富野心，在欧洲乱成一团的时候，他利用自己的权力，制衡欧洲各国，坐收渔翁之利。在他的统治下，教皇的权势达到了如日中天的境界。

越：教皇，您好。听说最近您又要打仗了？
英：不打不行啊。我们好不容易在东方有了地盘，如果落在了敌人的手中，之前的一切努力不就白费了吗？
越：万一又失败了呢？
英：不会不会。前几次没有成功，是因为大家对上帝不够忠心。
越：这您也能看出来？
英：对上帝忠心的人，不会把金银财宝当回事。所以，上帝喜欢穷人，只有穷人才是纯洁无瑕的。国王和他的那些骑士都太贪婪了，所以才得不到上帝的庇护。
越：有一件事我一直没搞明白，到底是教皇大呢，还是国王和皇帝大？
英：当然是教皇了。
越：那您听说过"双剑论"吗？说的是上帝创造了两把宝剑，一把给了教皇，另一把给了国王，所以这两把宝剑代表的权力是平等的。
英：什么狗屁"双剑论"！我只知道，教皇就像天上的太阳一样，统治着欧洲所有的教徒。而各国的国王要想统治本国的子民，还要依靠教皇的力量。这不好比是天上的月亮，只能从太阳那里借光吗？
越：那您的意思是说，教皇比国王大了？
英：那是当然，如果哪个国王敢和教皇作对，那就是跟欧洲所有的基督徒作对，自讨苦吃！

名人来了

越：可是国王有势力，有军队，您有什么能治得了他们呢？

英：我有我的武器！而且我的武器一般不用，用了就杀伤力极为巨大。

越：什么武器？

英：开除教籍！

越：开除教籍也没什么吧？堂堂一个皇帝，还怕您不成？

英：小记者还是嫩了点啊。一旦受到这种惩罚，就会跟贱民一样，受人们歧视，任何人都不敢跟他有来往，包括国王！

越：啊，那不就是真正的"孤家寡人"了？

英：对。你想，如果一个人到了这种地步，还有什么意思呢？

越：那是。怪不得英格兰国王约翰一听说您要开除他的教籍，就乖乖地向您俯首称臣了。

英：还有神圣罗马帝国的皇帝，也是因为不听话，被我赶下了台。

越：啧啧，厉害啊！

英：这些人啊，就是不自量力。早早臣服于我，建立一个基督教的大一统欧洲该多好！

越：哇，您的野心可真不小啊！

英：我的愿望就是让教皇成为真正的"万王之王，万主之主"！

越：这个……今天的采访就到这里，您老年纪大了，好好休息吧！

（注：英诺森三世去世后，教皇又发动了四次战争，都以失败告终。罗马教廷的黄金时代也随之结束。）

广告贴吧

借 款

亲爱的西瑞，过几天我就要出发参战了，这一路需要走很远很远。所以，我不可能带一大堆鸡肉或者火腿去应付船主和旅店老板的账单。因此，我想向您提个请求，能否借一笔现钱给我呢？收不收利息，由您说了算。

公爵大人

关于借款的回信

尊敬的公爵大人，我很乐意把钱借给您，收利息就算了，我们不做这种事；我们自己家的农产品也已经多得不得了。不过，如果您能允许我们在您所有的河流里随意垂钓，我愿意借给您一百金币。

珠宝匠 西瑞

欢迎加入汉萨同盟

为保护来自世界各地的商人，我们建立了一支庞大的海军，随时在海上巡逻。只要你成为我们的一员，你就再也不用担心有人为难你们了！

汉萨同盟

第 6 期

【公元 1209 年—1281 年】

异端

穿越必读

中世纪的西欧，天主教的权力至高无上，一个人如果没有参加教会，在社会上几乎没有立足之地。但与此同时，教会越来越黑暗，一些人开始反对教会，有了新的思想和主张，因而被罗马教廷视为异端，进行镇压。而十字军的最终失败，也给欧洲留下了耻辱的一页。

顺风快讯

教皇出兵，攻打阿比尔城
——来自法兰西阿比尔城的加急快讯

（本报讯）公元1209年，教皇又派出了一支十字军。不过这次出征的目标，既不是耶路撒冷，也不是东罗马帝国，而是法兰西南部的一个小城市阿比尔。

据消息称，这些年阿比尔城出现了很多"异端"（反对教会的人）。他们说教皇是魔鬼的化身，教会是教皇压榨人们的工具，只有他们是"纯洁的"，因为他们所有的财产都属于上帝。所以，人们把他们叫作"阿比尔派"（即纯洁派）。

为了消除阿比尔派的不良影响，之前教皇向比阿尔城派出了很多传教士。可惜，这些传教士还没开口，人们就朝他们吼道："滚出去！你们这些肮脏的人！"边喊边向他们扔石头，甚至还刺死了一名传教士。

教皇这才组织了一支十字军，去征讨阿比尔派。这一仗一打就是二十年，许多百姓遭到杀害。

最终，阿比尔派还是败给了教皇。

来自法兰西阿比尔城的加急快讯

异端会被如何处置

编辑老师：

您好！前几天，我的儿子不知触犯了哪条法规，突然被人告发，说他有"异端"言行，要被押到宗教裁判所进行审判。请问这宗教裁判所是什么机构？听说，凡是进入这个裁判所的人，不死即伤，这是真的吗？如果是，我该如何把我的儿子救出来呢？

一位救子心切的父亲

这位父亲：

您好！宗教裁判所，是罗马教会为镇压"异端运动"设立的。"异端"指的是那些挑战教会权威的人。当然，以前那些偷猪的，或是损坏灌木丛的人也被人叫作"异端"。

凡被定为"异端"的人，轻则打一顿，或者饿一顿，重则会没收财产、终身监禁，甚至被处以死刑。

要想救出您儿子，那他必须在被人告发后的一个月之内，向裁判官主动认罪，才有机会获得宽大处理。如果拒不认罪，审问时就会遭到严刑拷打，若承受不住，屈打成招，定为重罪，就会没收全部财产。

所以，趁您儿子抓进去还没一个月，赶紧让他主动去认罪吧。不管有没有罪，先保住自己的性命要紧。

编辑 穿穿

（注：宗教裁判所不但迫害不同信仰的人，还迫害进步人士和科学家，阻碍了社会发展和科学进步。）

世界风云

这个皇帝不一般

大家还记得那个在东征中掉进河里淹死的"红胡子"国王吗？红胡子有个孙子，也叫腓特烈（史称腓特烈二世）。

腓特烈从小父母双亡。他的母亲是西西里女王，临死前把他托付给了教皇。但教皇满脑子都是东征，对他根本不上心。

小腓特烈的童年是在西西里王国度过的。西西里是个美丽而又富饶的地方，世界各地的人都来这做生意。腓特烈从小和各种各样的人打交道，不仅见多识广，还精通阿拉伯等各种语言。

长大后，教皇让他领导十字军东征。他为了当上皇帝，假装答应了。可真的当上皇帝后，他又迟迟按兵不动。

这样熬死两位教皇之后，第三位教皇受不了了，一上任就逼他东征。这次腓特烈倒是领着军队乖乖地出发了。可走到半路，他又折了回来，说是军队碰到了瘟疫。教皇气得吐血，就开除了他的教籍。

腓特烈没办法，这才组织了一支军队，正式拉开了第六次东征的序幕。可笑的是，这次教皇认为他这次没有经过自己的同意就走了，公开宣布开除他的教籍！

这下，就连十字军的一些士兵也认为他不再是一个合法的国王，不愿再跟着他出征，半路回了家。

但腓特烈才没有当回事呢！当快要抵达目的地时，他一边修建城堡假装准备进攻，一边用阿拉伯语写信给埃及苏丹，邀请他进行和谈。

世界风云

这一举动让所有人大吃一惊。要知道,穆斯林跟基督徒见面,那可是仇人相见——分外眼红呀。

然而,让人更吃惊的是,苏丹还真来了。据说两人坐在帐篷里,一边喝酒,一边聊天,开心得不得了。半年后,苏丹居然把争了好几百年的耶路撒冷,拱手送给了他。

腓特烈不费一兵一卒,就完成了"收复"大业!消息传出后,整个欧洲都沸腾了!

可是教皇却认为,堂堂一个皇帝,怎么能一仗都不打,就和穆斯林主动和谈呢?简直是叛徒!因此,当腓特烈进入耶路撒冷时,城市里冷冷清清的,连牧师都不愿意来给他捧场。

不过,腓特烈才不在乎呢,他大摇大摆地把王冠戴在了自己头上,做了耶路撒冷的国王。

这样一来,腓特烈不但是神圣罗马帝国皇帝,还顶着德意志国王、西西里国王、耶路撒冷国王的王冠。据说,他最得意的事情,就是把这些王冠摆在自己眼前,一个一个地观赏呢!

自由广场

黄祸来啦!

法兰西某骑士

呀,你们知道吗?东方出了个蒙古国,那些黄种人征服了花剌子模国,以及许多伊斯兰教的国家。听说他们所到之处,烧杀掳掠,无恶不作,简直像恶魔!

那不正好吗?他们帮我们把伊斯兰教徒打败了,简直是大快人心啊!

英格兰某伯爵

挪威某士兵

别做美梦了!听说这群人比伊斯兰教徒残酷多了,每占领一个地方,就实行灭绝政策,杀人百万,连孩子也不放过!

是啊,他们还拥有火炮,一轰就是一大片。我们跟穆斯林打了这么久,都没打败他们。他们却轻轻松松,跟宰一只鸡似的,这太恐怖了!接下来该轮到我们了吧?唉!

德意志某商人

世界风云

"怪物"成为女王的手下败将

公元1244年,埃及人又一次把圣地耶路撒冷抢走了!而这时,整个欧洲乱成一锅粥,圣城怎么样,谁关心啊!

关键时刻,法兰西站了出来。

在前几代国王的经营之下,现在的法兰西,已经是欧洲最有实力、也最有钱的国家之一。

国王路易(史称路易九世)是个虔诚而又善良的君主,为人正直,待人真诚,总是为老百姓着想。他耐心地听取百姓的疾苦,亲自为百姓办理案件,还经常和老百姓一起吃饭,甚至放下尊贵的身份,亲自为穷人洗脚,给病人喂饭。此外,他还为百姓建立了许多医院、救济院以及盲人院。

因此,人们对他赞不绝口,说他是所有君主应该学习的榜样,但有人说他完美得不像人,像怪物,一个"完美的怪物"。

那现在圣地沦陷了,作为一名虔诚的基督徒,他会坐视不管吗?当然不会。

为了给所有欧洲人做一个表率,路易决定发动第七次东征,向埃及进军。为此,他足足准备了三年时间。

当他带着十字军向埃及发动进攻时,埃及却发生了一件大事——苏丹在行军路上,突然生病死了!

危急之下,苏丹的爱妃珍珠小枝担起了指挥军队的大任。珍珠小枝虽是奴隶出身,却胆识过人。她隐瞒了苏丹去世的消息,带领同样是奴隶出身的近卫军奋起抵抗。

世界风云

她先是将十字军引入城内，来了个瓮中捉鳖，接着封锁了尼罗河口，切断十字军的补给。

一连数招下来，再加上军中缺医少药，很多人患上了坏血病（维生素C缺乏症）不能及时治疗。路易招架不住，只好带着十字军，举手投降。法兰西花了一大笔钱，才把路易赎回来。

战争结束后，珍珠小枝因为立下大功，被人们拥立为女王，和哈里发一样，接受众人的膜拜。

遗憾的是，由于她是奴隶出身，又是女人，很多人瞧不起她。巴格达的哈里发甚至还给埃及写了封信，冷嘲热讽地说："如果你们缺少男人，我给你们送一个去吧！"

没多久，珍珠小枝就被人杀害了。而她的手下败将路易呢，却因参战有功，成了英雄，被人们尊为"圣路易"。

（注：1291年历经将近两百年的十字军战争彻底结束。）

世界风云

奇异博士被赶出大学

公元1257年，牛津大学爆出一个新闻：一个叫罗杰·培根的老师被赶出了大学课堂，从此再也不能讲课了！

也许你并不认识他，那么今天，我们就来讲讲他的故事。

以前，很多欧洲人都不识字，图书馆里的书除了《圣经》，还是《圣经》。可是，人们还想要学习更多知识，这本书里却没有。

后来，图书馆里终于有了第二本书，就是古希腊哲学家亚里士多德编写的像知识大百科一样的书。这位亚历山大大帝的老师很受欢迎，很多学校都愿意把他的知识教给学生。

不过，大家的知识还是来自书本，从来没有进行过实际的观察。比如，如果要他们讲毛毛虫，他们就读一读亚里士多德的书，然后告诉学生，书中是如何讲述毛毛虫的。他们不会跑到附近去抓一条毛毛虫，也不会去观察、研究它们，更不会探讨为什么希腊

世界风云

的毛毛虫会和欧洲其他地方的不一样。

这时，有一个很有好奇心的学者出现了。这个人就是罗杰·培根。他既爱好音乐、文学和天文，也懂得物理和数学，是一个知识渊博的人，人们尊他为"奇异博士"。他就真的把毛毛虫带到课堂上，证明这些虫子和亚里士多德讲的不一样。

其他的学者看了，都直摇脑袋。

到后来，他越发"猖狂"，居然说，"一个小时的观察，胜过研究十年的亚里士多德"，"没有实践，就不能认识任何事物"，让大家不要盲目地相信名师。

据说有人听到这样的话，就跑到警察那里告状，说："这人肯定是巫师，是异端，不然，他为什么要研究动物的内部结构呢？"

警察听了，也吓坏了，于是禁止培根再写东西，一个字都不准写，还把他赶出了大学。

（注：这一禁，就是十多年的时间。人们不了解他的思想，他的著作也很快被遗忘了。据说，他死后，所有的书都被莫名其妙地钉在书架上，再也没有人能移动它们。）

81

一部宏大的石头交响乐

你盖过房子吗？

把两面墙斜靠着，搭成一个三角形，是最简单的建筑方法。埃及的金字塔就是这个样子。

还有一种方法，把两面墙竖起来，把另一面墙搭在上面。古希腊和罗马的房子就是这么建的。

不过，人们总是喜新厌旧，总想尝试一些新的东西。最近，从法国刮来了一阵风，一些大胆的建筑师迷上了一种新的建筑方法——把高高的尖拱盖在石柱上面。为了防止石柱倒下，又搭了很多石头做成的支架和支柱，叫"飞扶壁"。

很多人认为这样的房子既不美，又很容易倒塌，觉得这种做法像哥特人一样粗鲁、无知，所以把这种建筑叫作哥特式建筑。

那么，这种建筑真的会倒塌吗？

当然不会。它们不但一直没有倒下，而且既美丽又壮观。

在欧洲，人们最常去的地方是教堂，也很愿意花钱、花时间去建造教堂。所以，很多城市愿意建造这种哥特式教堂。

这些教堂都有美丽的尖顶，表示指向天空的手指；顶上的门和窗户也是尖的，就像人们祷告时的双手。

教堂的每一面几乎都有一个大大的窗户。这些窗户都是用彩色玻璃做成的。不同颜色的玻璃拼在一起，就像一幅幅精美的油画。每一幅"油画"，都讲述了一个《圣经》里的故事，不管认不认字，都看得懂。

教堂的石壁上还刻着很多人物的肖像，这些石像和美丽的玻璃画穿插在一起，让整个教堂看起来像用石头和玻璃做成的《圣经》。

在教堂的屋檐下、角落里，还摆了很多用石头做成的怪物，用来驱逐恶魔。它们有的脑袋像猴子，有的长着三个脑袋，有的长着鹰爪，还有的到了下雨天还会吐水，这倒不是因为它们有特异功能，而是它们身上有许多孔，雨水可以从它们的嘴巴排出去。

整个教堂就像一部宏大的石头交响乐，庄严而又伟大。

你知道这样的教堂是谁建造出来的吗？哥特人？当然不是。没人知道答案。因为几乎每一个人都为教堂出了力，不是捐了钱，就是贡献了时间和精力。

有的教堂历时上百年才完工，比如巴黎圣母院（1163年开始建造，1345年完工），科隆大教堂（1248年开始建造，1880年完工）。

而最初建造教堂的那些人呢？他们已经死了，留给我们的，是一座座让人惊叹的建筑艺术品……

名人来了

特约嘉宾
腓特烈二世
（简称"腓"）

越越
（简称"越"）

> 嘉宾简介：他热爱学问，擅长外交。虽然他的身份是尊贵的神圣罗马皇帝、德意志国王、西西里国王、耶路撒冷国王，但他更愿意人们把他当作一位学者。他就是让埃及苏丹佩服得五体投地的、第一个和平解放耶路撒冷的皇帝奇才——腓特烈二世。

越：尊敬的陛下，您好！本来报社希望我去采访圣路易，不过看了您的资料后，我决定来采访您。

腓：哈哈，听说这个路易是当今最完美的君主，放弃他你不觉得可惜吗？

越：像路易国王那样的人确实少有。不过正因为太完美，小民反而觉得压力山大啊。

腓：嗯？难道跟我在一起就没有压力吗？

越：有，怎么没有呢？！不过不是压力，而是动力！

腓：什么动力啊？

越：您不但是学霸，而且是会九种语言的学霸。光这个才华就足够小民膜拜很多年了。

腓：哈哈，跟我在一起，可没人待见噢！

越：嗯，这也是小民不明白的地方，为什么埃及人说您是最好的欧洲君主，教皇却不待见您，说您是一个可怕的国王呢？

腓：无所谓，我也不待见他。

越：（恍然大悟）噢——为什么？

腓：我只相信自己，相信自己亲眼见到的，听到的，能够被证实的东西。什么"天堂""地狱"，我没见过，也不相信。

越：哇，您这想法真是太超前了，难道您是跟我一样穿越来的？

腓：唉，我只是换个角度来看这个世界而已，你也可以试试看。比如，用基督徒的角度去看穆斯林，用穆斯林的角度去看基督徒。

名人来了

越：可我听说您是教会养大，一手扶上皇位的呢。

腓：他们扶我上位，也是有条件的，就是希望我去帮他们打仗。

越：您答应了？

腓：嗯，不过，这只是我的权宜之计。当上皇帝之后，他们对我来说就没有利用价值了，我自然就可以不听他们的了。

越：啊，那不是不讲信用、忘恩负义吗？

腓：我就是对打仗没兴趣啊！这战争就是一场灾难，好好的皇帝不当，我干嘛要带大家去受那份罪？

越：这么不听话，小心教皇惩罚您！

腓：我才不怕！我只是坚持我认为对的。至于别人怎么想的，无所谓。

越：那您后来怎么又去了呢？

腓：我就是想看看，能不能让这场战争早点结束。

越：那您能不能告诉我们，您和埃及苏丹到底聊了些什么啊？您是给他洗脑了吗？不然他为何把圣城白白地送给您？

腓：哈哈，军机不可泄露！

越：可是您如果不说，大家都会瞎猜的呢！

腓：傻记者，当然是凭本人光芒四射的个人魅力啊！哈哈——好了，不跟你聊了，我得去和我的妃子们出游去了！至于别人怎么想，我不在乎！

学习是我获得成功的秘诀！

广告贴吧

🛡 "天使博士"开讲啦!

上帝是否真的存在?今晚尊敬的"天使博士"托马斯·阿奎那教授将在本校大礼堂,用最具说服力的辩解,最严密的逻辑推理,从五个方面为大家解答疑惑。

凡购买博士巨著《神学大全》的同学,均可获得博士的亲笔签名哦。

雅典历史书坊

⚔ 四十天内不得先斩后奏

为避免各种不必要的纷争,即日起,司法权收归王室法庭所有,一些特别重要的案件,必须由王室法庭审理。

所有领主在案件发生之后,四十天内不得进行决斗和报复,必须向王室法庭申诉,不得先斩后奏。

法王路易九世

🦁 寻《列那狐的故事》全本

本人最近看了一部叙事诗,叫《列那狐的故事》(作者不详),很喜欢这个狡猾而又可爱的小狐狸。只可惜书看了一半,丢失了。如果谁手中有这本书,可否借来一看,非常感谢。

法兰西爱书人 伊娜

智者为王 第2关

1. 英国贵族们为了约束国王的行动,和国王签订了什么文件?
2. 英国第一次国会是哪一年召开的?
3. 为保卫巴黎,法国修建了什么城堡?
4. 儿童十字军成功了吗?
5. 一个农奴,只要在城中住满多少天,就可以成为自由人?
6. 中世纪唯一有学问的是什么人?
7. 中世纪女人能上大学吗?
8. 牛津大学和巴黎大学哪个成立得更早一些?
9. 蒙古人被西方人叫作什么?
10. 宗教裁判所是为了什么而设立的?
11. 第一个和平解放耶路撒冷的君主是谁?
12. 珍珠小枝是什么出身?
13. 法国规定案件发生之后,多少天内不得进行决斗和报复?
14. "哥特式建筑"是哥特人发明的吗?
15. 巴黎圣母院修建了多少年才完工?

智者无敌 王者为大

第7期

【公元 1206 年—1250 年】

上帝之鞭

穿越必读

当欧洲人与伊斯兰教徒打得你死我活时，在遥远的东方，出现了一支慓悍的蒙古骑兵。他们发动了人类历史上规模宏大的战争，创建了一个世界上版图巨大的帝国。而这个帝国的创建者——成吉思汗，更被誉为"全人类的皇帝"。

顺风快讯

"成吉思汗",海一样的皇帝
——来自蒙古草原的快讯

(本报讯)当基督教徒在一次又一次地东征时,公元1206年春天,一群黄种人,在中国北方的草原上,建立了一个崭新的国家——大蒙古国。

他们的首领叫铁木真。和所有成功的领袖一样,他是一位像钢铁一般坚强,像老虎一样勇猛的战士。

蒙古人原本不会耕田,也不会盖房子,只会放牧、打猎。哪里有牧草、有水源,他们就卷起帐篷,赶着牛羊迁往哪里。他们唯一的财富,就是身边的牛羊马。据说每一个蒙古小孩,从会走路开始就接受骑马的训练。长大后,几乎个个都是骑马的好手。

而铁木真的手下,也个个都是能征善战的骑兵,对他忠心耿耿。

成吉思汗就是带着这么一支骑兵,将一盘散沙似的蒙古各部统一了起来。

为了表达对铁木真的敬意,草原上的人们送给他一个尊贵的称号——成吉思汗,意思是像海一样的皇帝。

来自蒙古草原的快讯

世界风云

上帝之鞭扫过来了

蒙古草原虽大，但成吉思汗的野心更大。因为他想建立一个更庞大的帝国，把别人的地盘也变成蒙古人的牧场。

蒙古的西边有一个花剌子模国，土地辽阔，实力也十分强大，和蒙古曾经也打过交道，算是有点交情。

1218年春天，成吉思汗派了一支四百多人的商队，赶了五百匹骆驼，浩浩荡荡地去花剌子模国做生意。

没想到，花剌子模国说这些商人是奸细，把他们杀死了。

成吉思汗听说了这事，勃然大怒，马上派使者前去交涉，要求交出凶手。可花剌子模国仗着自己强大，根本不把他放在眼里，不但把正使杀了，还把副使的头发剃光了，撵了回来。

这下，成吉思汗被激怒了！纵横草原这么多年，什么时候受过这种气？于是决定亲率大军，用铁蹄踏平花剌子模国！

然而，蒙古帝国与花剌子模国中间隔着个西辽，西辽是蒙古的敌人，不可能给蒙古借道。所以，成吉思汗先把西辽灭了，然后以闪电般的速度，攻进了花剌子模国。

每攻克一个城市，成吉思汗就下令：所有不投降的人，统统杀掉！最后甚至连放下武器的战俘也都一律处死。

世界风云

我就是上帝的鞭子!

没几天工夫,花剌子模国里的尸体堆得像小山一样高。

因为花剌子模国信仰伊斯兰教,成吉思汗对这些可怜的人们说:"我,就是上帝的鞭子,因为你们犯了大罪,所以上帝派我来惩罚你们!"

而惹出这一祸事的花剌子模国国王上哪去了呢?他呀,早在成吉思汗攻城之前,就带着儿子和仆人逃之夭夭,最后逃到一个无人居住的小岛上,病死了。

成吉思汗带着追兵一路追杀,一直追到印度河。

在蒙古铁骑的践踏下,无数繁华的街道沦为废墟,无数无辜的百姓惨遭屠杀,中亚的大片土地落入了他们手中。

世界风云

颤抖吧，罗斯！

公元1223年，欧洲人得到一个消息——东边的罗斯公国（俄罗斯的前身）突然出现了一支蒙古骑兵！凡是他们经过的地方，全都被洗劫一空！

这支可怕的骑兵是从哪里冒出来的呢？记者悄悄跑去探察一番——

原来，在追杀花剌子模国王的过程中，成吉思汗将追兵分成了两路。其中一路竟然翻过高加索山，发现了欧洲这块"新大陆"！正当欧洲人被吓得心惊胆战时，蒙古人停了下来。原来，成吉思汗在征讨西夏的时候，掉下马来，死了。

虽然成吉思汗死了，但他的子孙却记住了他的一句话："天下之大，是你们无法想象的。你们大可以出去，多多占领土地。"

但是这时，蒙古的仇人基本消灭了，该把谁当做下一个目标呢？

城堡送给你了！

这时候，成吉思汗的接班人窝阔台想起了西边那片"新大陆"，于是让侄子拔都率领各亲王的长子们带上十五万兵马，去西边打天下（史称长子西征）。拔都是成吉思汗

世界风云

的孙子，曾跟随爷爷出生入死，和爷爷一样能征善战。

拔都带着军队，穿过已经灭掉的花剌子模国，很轻易地就来到伏尔加河一带。伏尔加河是俄罗斯最大的河流，沿河地区经济比较发达。

当时的罗斯国（今俄罗斯的前身）已经分裂成了很多小公国，一点都不团结。蒙古军先是打到梁赞（又叫里亚占）公国，梁赞打不过这帮蒙古骑兵，一边抵抗，一边向其他公国求援。可惜，其他公国害怕惹火上身，都不愿出兵相助。

梁赞王公带着军民孤军奋战，最后因寡不敌众，以身殉国。附近的公国也很快被蒙古军收入囊中。

想不到胜利来得这么容易，拔都信心倍增，于是一鼓作气，一路攻城掠地，一直杀到罗斯的首都基辅城下。还没开打，基辅大公就鞋底抹油，逃之夭夭。

就这样，拔都不费吹灰之力，占领了罗斯国。

世界风云

当东方骑兵遇上西方骑士

占领罗斯后,拔都又得到了一个肥美的牧场,非常高兴,就不想再往前了。

这时,副帅速不台说:"如果不继续进攻,我们在这绝对不安全。"于是,又继续向西进攻,准备进攻马札儿(即今匈牙利)。

匈牙利国王听到这个消息,立刻和奥地利等国组织了一支十万人的联军。这些人大部分都是骑士,一个个摩拳擦掌,准备和蒙古人大战一场。

速不台听说对方声势浩大,斗志高昂后,脑筋一转,命令军队撤退,似乎想逃跑。

"蒙古人要逃跑啦!"联军以为蒙古人害怕,紧追不舍。他们追啊追啊,追了整整六天,一直追到一条叫塞约河的小河边。

速不台见对方中计,心中暗喜。当天夜晚,蒙古军兵分两路,一路在上游,由拔都率领;一路在下游,由速不台率领。两人商议,等速不台过河后,拔都在上游进攻。

可是,上游水浅,又有桥,拔都和长子们立功心切,不等速不台发出信号,就向石桥发起进攻。结果,石桥太窄,骑兵派不上用场,蒙古军队被联军打得屁流尿流。

速不台知道后,大怒,说:"为

什么不照约定去做！现在既然已经进攻了，就坚持下去好了！"

拔都只好找来几门大炮，对着桥头一阵猛轰。

联军忙着应付拔都，根本没注意，另一支蒙古军队已经悄悄绕到背后，将他们团团包围了！

几天后，联军弹尽粮绝，支撑不住，决定突围。突然，他们发现包围圈的西边出现一个缺口！大家逃命心切，争先恐后地往那里逃，联军顿时一片混乱。不用说，这又是蒙古人设下的圈套！

没跑多远，蒙古骑兵就从两边追上来，像赶牛一样，把联军夹在中间，边跑边射箭。最后，十万人马只有少数逃了出去。

就这样，蒙古军队打啊打啊，一直打到多瑙河畔。历史上的波兰、捷克、匈牙利、威尼斯等，多个欧洲国家都进入了蒙古的版图。

可能成吉思汗也没想到，历史上的蒙古帝国，会比罗马帝国、亚历山大帝国还要大吧！

自由广场

欧洲骑兵为何打不赢蒙古骑兵

波兰商人

为什么咱们欧洲人老吃败仗？咱们的骑士都干啥去了？同样是骑兵，差距怎么这么大呢？之前对付阿拉伯的兵马也没这么不堪一击啊！

我们的军队在小战场小打小闹还可以，要是一对一地打，蒙古兵不一定是咱们的对手！但人家不跟咱一对一啊，人家一向是以大草原作战场的，一来就是群殴，这场面，谁会想得到啊！

波兰小兵

罗斯小兵

若是比武器，我们的长矛、重剑比他们手中的马刀、狼牙棒杀伤力大多了！可人家不比这个啊，人家比的是弓箭，还可以一边跑，一边射箭，射不死人就射马，碰上他们，我们只有当箭靶子的份儿。

咱们的马虽然好，但咱们的骑士一个个穿着笨重的铁甲，把自己包裹得严严实实。穿成这样，到了战场上跑都跑不动，更别说打仗了。这样子能不败吗？

英格兰骑士

神圣罗马帝国教皇

上帝啊，让这些黄皮肤的魔鬼停下来吧！

奇幻漂流

能不能让蒙古人信上帝

编辑老师：

您好！自从蒙古人入侵以来，整个欧洲一片恐慌。现在人们被打得一个个如惊弓之鸟，纷纷向教廷求救。

本来，我跟那罗马的皇帝吵得正凶，哪有时间管他们的事，就跟他们说："这是上帝的惩罚，忍耐一下吧！"

但是眼看蒙古人越打越凶，再这样打下去，欧洲人要是灭绝了，还有谁会来信基督，信上帝呢？

所以，我决定派人前往蒙古帝国，说不定还能说服他们皈依基督教，共同对付伊斯兰教徒呢。您觉得这个行得通吗？

教皇 英诺森四世

尊敬的教皇：

您好！我很遗憾地告诉您，当年蒙古军进入罗斯时，许多百姓以为蒙古人不会到教堂杀人，逃到教堂避难。结果，还是被全部杀死了。

因为蒙古人信仰的是萨满教，是长生天，根本不知道教堂有什么意义。对他们来讲，如果天上只有一个上帝，那么地上只有一个君王，那就是成吉思汗。

所以，要想国家免遭生灵涂炭，只有一条路，那就是投降。

另外，送您一句话，这个世界并不是基督教的世界，除欧洲以外的地方，还有着许多更加辉煌的文明。

编辑 穿穿

（注：后来蒙古大汗拒绝了教皇的提议，并要求他们交出所有的财宝，向蒙古投降。这让不可一世的教皇第一次受到了严重的打击。）

名人来了

特约嘉宾
拔都
（简称"拔"）

越越
（简称"越"）

> 嘉宾简介：成吉思汗的孙子，钦察汗国的大汗。在欧洲人眼里，他是个魔鬼，光听到他的名字，人们就瑟瑟发抖。而在蒙古人眼里，他为人坦诚，待人宽厚，是个善良慷慨的"赛因汗"（即好汗）。

越：尊敬的赛因汗，西征结束了吗？

拔：对，窝阔台大汗去世了，要选出新的大汗，长子们都在我身边，我必须带他们回去。

越：哎！窝阔台大汗走得也太不是时候了。都已经到了欧洲，不和英格兰、法兰西还有德意志打一场，实在是可惜！

拔：哎，可惜我们放弃这么多，汗位却被贵由捷足先登。不过没关系，现在贵由死了。目前最重要的事，是再次选出一个新大汗。我们辛辛苦苦在外面拼命，不能再次便宜了别人。

越：您年纪最长，功劳又最大，要是您想当，估计没人敢反对吧？

拔：哎，我就是个粗人，打仗冲锋还行，论治国，还是蒙哥汗合适。

越：别谦虚呀。您不是建了个钦察汗国吗？这个汗国也不小噢。

拔：这个也是没办法。我爷爷总教导我们，要多占土地，多占土地。可蒙古本土的事儿太多了，大汗管不着。要是我回去了，这块地儿不是白抢了吗？

越：怎么你们抢地盘，跟抢玩具似的，感觉特别容易啊！

拔：容易？你知道我们为了今天，付出了多少心血吗？

越：难不成是像我们一样，"从娃娃抓起"？

拔：没错！我们从小是在马背上长大的。刚学会走路，就被大人绑在马背上一起

名人来了

带着走。三岁就要学会骑小马，四五岁就要学会在马背上射箭。

越：晕，我三岁还在玩泥巴呢！

拔：所以，我们每一个蒙古男子长大后，不仅能在马背上吃肉喝奶，而且还能在马背上边跑边睡！

越：强！（伸出一个大拇指）

拔：不光是人，就连我们的马也经过严格的训练，一年四季都生活在野外，必要时连走几天都可以不吃任何东西。

越：就算你们的马不吃东西，人也要吃啊，你们跑这么远打仗，粮草怎么供应得上啊？

拔：哈哈！我们不需要粮草！我们蒙古人喝的是牛羊的奶，吃的是牛羊的肉，带着牛羊一起跑，走到哪就能打到哪。

越：天啦，那你们岂不是有一群会跑的"粮食"？怪不得你们打遍天下无敌手。

拔：这也是被逼的，以前我们太弱小了，总受别人的欺负。

越：所以，现在强大了，就能欺负别人了？

拔：这世界可能就是这样吧，马弱被人骑，人弱被人欺。

越：那您知道欧洲人把你们叫做什么吗？

拔：什么？魔鬼？（笑）肯定不是什么好话。

越：他们说你们是"黄祸"！

拔：（笑）因为我们是黄皮肤？随他们说吧，他们这些白人打不赢，也就只能嘴上图个痛快了！

越：说得也是，他们现在对你们是又害怕又崇拜呢！

拔：怕就对了！要的就是这效果。我有时觉得他们挺搞笑的，跟我打仗的时候，还做什么十字架，以为这样上帝就会保佑他们，事实上呢？还不是照样成为我们的手下败将？

越：嗯，那还是走自己的路，让别人去说吧。

拔：嗯，有机会，欢迎小记者去我们的钦察汗国玩一玩。

越：好的，大汗再见！

众将士听好了

各位将士听好了：从今以后，我的命令就是我的剑！凡是临阵退缩者，杀无赦！凡是做逃兵的，杀无赦！如果你们愿意像我的猎犬一样忠诚，无论我走到哪里，都跟随我，听从我，我必将赐予你们丰厚的回报！

铁木真

推荐新任大汗

根据我蒙古人的习俗，新大汗必须由我国最高国事会议（即忽里台大会）推选。

原大汗违背了前大汗的遗命，没有资格继承汗位。而我的兄弟蒙哥才能出众，功绩卓著，有治国之才。现在，我以长兄的身份，推举蒙哥为新的大汗。请大家仔细考虑我的建议。

拔都

制作十字架

当年，我们在十字军东征中，用十字架保佑了自己的军队。现在万恶的蒙古魔鬼要来了，我决定制作一个巨大的十字架，愿这次上帝也能保佑我们。希望有兴趣的工匠朋友前来参与。

匈牙利国王贝拉四世

第 8 期

【公元 1251 年—1294 年】

最大的帝国

穿越必读

蒙古铁骑以狂风扫落叶的速度,迅速征服了欧亚大陆数十个国家,并建立起他们的统治。与此同时,来自中国的四大发明也随着战争,开始走向世界……

木剌夷灭亡了
——来自木剌夷的加密快讯

（本报讯）1252年，蒙古新大汗蒙哥继位的第二年，就做出了一个决定——开始第三次西征！这次西征军的第一个目标，是里海南边的木剌夷国（在今伊朗）。

木剌夷起源于波斯，是一个有名的暗杀集团。如果一个人成了木剌夷的目标，无论他走到哪里，都有可能被杀掉。

木剌夷的首领养了一批幼童，从小教育他们：如果能够为首领而死，死后就可以升入天堂。这些幼童长大后，就成了木剌夷的专业杀手。很多名人都死在他们手中，就连一些国王也差点丧了命。但他们对木剌夷又毫无办法，因为木剌夷的巢穴建在高高的山顶上，只能望"山"兴叹。

然而，当木剌夷碰上蒙古军时，就没那么幸运了。

蒙古军再次拿出自己的法宝——大炮，向着山上使劲地轰，很快就把木剌夷的老巢轰成了渣。

木剌夷支撑不住，只好乖乖地投了降。

来自木剌夷的加密快讯

世界风云

阿拉伯帝国也灭亡了

消灭木剌夷之后,蒙古军信心满满,继续向西挺进,攻打阿拔斯王朝(即黑衣大食)的首都——巴格达。

巴格达的哈里发(相当于国王)叫谟斯塔辛,是一位超级音乐爱好者,为了音乐,什么都可以不管。

和以往一样,在打仗之前,西征军的大将旭烈兀先是给对方送了一封战书,上面写道:"我来了!识相的话,就出来投降;想打的话,就赶紧把兵马备好!"

哈里发听了很生气,对蒙古使者说:"受我册封的国王都只能亲吻我驴子的腿!要是把我惹毛了,我让世上所有的穆斯林都去攻击你们!"

果然,蒙古使者一出门,教徒们就一窝蜂围了上去,你一拳

谁给我饭?

我一脚，差点把使者给打死。

旭烈兀见了，怒不可遏：居然敢这样对待我的人，那就——打吧！

开战第一天，双方在河边打了一天，不分胜负。

到了晚上，趁敌军在睡觉的时候，蒙古人跑到上游，来了一招水淹三军，把敌军淹死了大半。

哈里发现自己不是蒙古人的对手，便出城同他们讲和，请他们不要大开杀戒，还挖开地窖，献出了所有的金银财宝。

旭烈兀拿起一块金子，对哈里发说："吃得下去吗？"

哈里发摇摇头。

旭烈兀说："你都吃不下去，为什么不把它分给为你卖命的战士呢？既然你这么喜欢黄金，那你就和黄金待在一起吧！"

于是，哈里发被关在金库里，活活地饿死了（也有人说，他是被裹在一张毯子里，被蒙古人纵马踩死的）。

1258年，存在了六百多年的阿拉伯帝国就这样彻底灭亡。消息传出后，整个欧洲都震惊了——让他们无比头痛的伊斯兰世界居然成了蒙古的囊中之物！

然而，正当旭烈兀准备乘胜追击时，他们碰到了和拔都西征时类似的事件——蒙哥大汗也死了！

大汗死了，旭烈兀也没心情继续打下去了，率主力返回波斯。尽管如此，地中海的人们心里还是十五个吊桶打水——七上八下，生怕蒙古人来个回马枪。

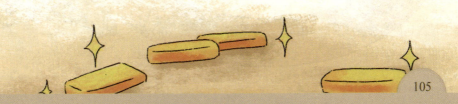

大元帝国和四大汗国

蒙哥死后,他的弟弟忽必烈和阿里不哥为了争夺大汗之位,打得不可开交。最后,忽必烈赢得了胜利(史称元世祖)。

公元1271年,忽必烈改国号为元,次年把国都从和林迁到燕京(后改为大都,即今北京),后又消灭宋朝,建立了新的王朝——元朝。

和其他蒙古人不一样,忽必烈从小就爱读书,爱思考,而且特别喜欢汉族文化。他让大家像汉人一样,穿丝绸,吃米饭和面食,拜中原的佛像,读中原的书,还把有学问的汉人聚集到身旁,用汉人的方法治理国家。

除元朝外,蒙古人还建立了四大汗国,分别是:钦察汗国、察合台汗国、窝阔台汗国和伊儿汗国。

这些汗国都由蒙古人统治,并向元朝称臣。

世界风云

在四大汗国中,"钦察汗国"的面积最大,拥有整个罗斯及欧洲的大片地区,这也是拔都西征的成果。因为拔都喜欢用金色的面料做营帐,所以钦察汗国也叫"金帐汗国"。

"伊儿汗国"是旭烈兀西征之后,在波斯等地建立的国家,控制了整个中东的大部分,实力也不可小觑。

而察合台汗国、窝阔台汗国,据说是成吉思汗留给两个儿子察合台和窝阔台的巨额遗产。

正因为有了这四大汗国,蒙古帝国的领土面积一下子达到约4400万平方公里,成为13世纪当之无愧的世界第一大国。

不过,有的汗国对忽必烈当上大汗很不服气,一直到忽必烈去世,他们都在打架,打了几十年。再加上地盘过于庞大,各汗国几年难得来往一次,天高皇帝远,日子久了,关系就越来越疏远了。

世界风云

马可·波罗游中国

在忽必烈的努力下,大都成了世界上最热闹的地方。很多欧洲人对元朝很好奇,跑到中国来看新鲜。

1275年,忽必烈听说从欧洲来了两个白皮肤、蓝眼睛的商人,热情地接待了他们。

这两个商人来自著名的水城威尼斯,其中有一个还带了自己的儿子马可·波罗。

两兄弟很会讲故事,给忽必烈讲了很多他从没听说的事。忽必烈很喜欢他们,把他们留在身边做了官。

马可·波罗年轻好学,很快学会了各种宫廷礼仪,也了解了一些民间的风土人情。忽必烈见他学东西很快,是个不错的使者,就派他去往全国各地,甚至派他去访问过现在的越南、缅甸、印尼和菲律宾等地。

每到一处,他都要详细地考察当地的风俗、地理和人情,并将一路上看到的、听到的都讲给忽必烈听。

世界风云

一转眼，十多年过去了。这时，马可·波罗的父亲和叔叔都上了年纪，想回家乡看看。

忽必烈舍不得他们走，但最终还是同意了。

马可·波罗一家走了三年，历尽艰辛，终于回到了故乡威尼斯。他们把那些历险经历讲给人们听，人们听了都觉得好笑，以为他们在编故事。

他们扯开身上的破外套，从里面掉出一大堆宝石、珍珠来，足够买下一个王国，看得大伙儿眼睛都直了。大伙儿这才相信他们的话，还给马可·波罗送了一个外号——百万富翁马可。

没过多久，威尼斯和邻居热那亚发生了战争，马可·波罗买了一艘战舰，兴冲冲地去参加战斗，却被热那亚人抓住了，关进了大牢。

马可·波罗把这些故事讲给和他一起坐牢的人听。有人觉得马可·波罗的故事很有趣，就把它们记录下来，写成了一本书，这就是著名的《马可·波罗游记》。

不是骗我们的吧？

奇幻漂流

马可·波罗说的都是真的吗？

编辑老师：

　　您好！最近我看到一本关于你们中国的书，名字叫《马可·波罗游记》。书上说，中国到处都是黄金，就连屋顶上盖的也是黄金；而中国的皇帝有一座特别金碧辉煌的宫殿，里面的餐厅，一次能坐上几千个人；有一只特别大的鸟，能带着一头大象飞上天空；中国有个叫杭州的城市，像天堂一样美……

　　他说的这些事是真的吗？如果是真的，我们很多人都想去中国亲眼看一看呢！

——一个威尼斯男孩

亲爱的威尼斯男孩：

　　你好！这本书确实非常有趣，我也很喜欢读。不过，身为中国人，我对本书的真实性还是有点怀疑的。因为在书里，作者对在中国很常见的东西，比如四大发明、筷子、长城，一个字也没提过。

　　而且，就我知道的，很多事情都被他夸大了，或许这只是为了吸引读者？当然，这只是我的一家之言。不管是不是真的，一个人如果想知道外面的世界有多奇妙，就要像马可·波罗一样，跟外面多接触，多看，多听，多想，这样才能成为一个有见识的人。

编辑 穿穿

自由广场

来自中国的好东西

意大利
某脚夫

马可·波罗说的中国真是太奇妙了。以前人家都说"好东西来自东方",我以为是指阿拉伯,原来是指中国!有什么办法可以去中国啊?我现在做梦都想去中国!

怎么去?我们的船设备不行,连方向都分不清,白天靠太阳,晚上靠星星,要是碰到阴天或下雨,就哪里都不能去。听说中国有一种东西叫指南针,有了那东西,不管是阴天还是下雨天,永远都能找到要去的方向。下次我让人给我捎一个回来。

威尼斯
某船夫

意大利
某印刷工

比起中国来,咱们真是太落后了!不但书少得可怜,连印书的纸都没有。抄一本《圣经》,要费上三百张羊皮纸,又硬又贵!瞧瞧人家中国,不但发明了纸,还发明了活字印刷术,这得给人省了多少事儿呀。

对对对,还有火药。那东西太强大了,本来只是一种炼丹的药,装在火器里,就成了杀伤力特别强的武器!要是学到这种制火药的技术,我们就不用再怕蒙古人的大炮了!

罗斯公国
某小兵

名人来了

特约嘉宾
忽必烈
（简称"忽"）

越越
（简称"越"）

> 嘉宾简介：他既是大蒙古国的君主，也是元朝的开国皇帝。如果说他的爷爷成吉思汗是凭武功征服世界，那他就是以文治闻名于天下。

越：大汗，您好！（狐疑）请问，您是蒙古人吗？

忽：如假包换，我就是会套马的蒙古汉子。

越：那我差点看走眼了，您怎么穿的是中原的服装啊？

忽：怎么样，好看吧？

越：好看好看。

忽：知道我为什么喜欢中原吗？中原不只是衣服好看，食物好吃，房子住着也舒服。不然，我怎么会从我的故乡搬到这里来呢？哈哈！

越：大汗这么喜欢中原文化，您的蒙古子民没有意见吗？

忽：有，而且大得很呢！当初阿里不哥跟我争汗位，就是觉得我过于"汉化"，不够"蒙古"。

越：您还不够"蒙古"啊？大宋朝都被您打趴下了！除了您的爷爷成吉思汗，蒙古人里面，打仗最厉害的，恐怕就是您了吧？

忽：但在有些人看来，我喜欢中原文化，就是对蒙古的背叛。很多人到现在都不肯归顺元朝，不肯买我的账！

越：由他们去吧，现在您的国土这么大，多一个少一个无所谓！

忽：那不成，蒙古和中原要管，其他地方也要管，都是我们蒙古人的地盘。

越：可是，这么大的国家，哪里出个什么事都不知道，能怎么管呀？

忽：这个我们已经考虑到了。我们修建了一条大驰道，在驰道上建了许多驿站，里头吃的、喝的、用的，样样都有。除了脚夫和传信员，还有牛、马、狗、鸽子、车、船等等，全都

113

名人来了

是用来传递信息的。

越：哈，"快递员"还挺多的。

忽：所以，不论什么信息，我们都能一站一站，像接力赛似的传下去，一天能走四百里。这种速度，什么样的消息会不知道？

越：那是不是哪个地方有什么风吹草动，你们也会很快就知道？

忽：那是当然。所以，（奸笑）可不要在我的背后搞小动作噢！

越：（吓出一身冷汗）不敢不敢——那既然你们这么厉害，为何打不过小日本呢？

忽：我们打不过小日本？笑话！要不是那次刮来一阵莫名其妙的妖风，那小破岛恐怕早就被我铲平了！

越：事实就是你们还没爬上小日本的岛，就全军覆没了啊。

忽：（怒）我再说一次，这只是意外！意外！

越：好吧，那安南（今越南）没有这种妖风，为何也拿不下呢？

忽：安南那地方到处都是穷山恶水，没什么好拿的！

越：既然没什么好拿的，为何出征好几次呢？

忽：既然你这么想知道，那我就实话告诉你。主要是因为那里地形复杂，不是山就是水，我们的马在那压根就跑不了。——不过，安南王实在可恨，几次三番都没把我放在眼里，总有一天，我要拿下它！——咳——咳——咳！

越：大汗别生气别生气，身体要紧啊！——好了好了，今天的采访就到这里吧。大汗保重！

（注：忽必烈还未来得及再征安南，就病死了，安南就此逃过一劫。）

广告贴吧

招驿站管理人员

我朝幅员辽阔，因朝中事务繁忙，现将部分驿站交由百姓来管理经营，主要负责保养交通工具、喂养牲畜，给过往的官员提供饮食与住宿。至于牲畜和交通工具，则由朝廷负责购买。

如有对这个感兴趣的，请在三天内到我处申请。

驿站管理处

不用信仰同一个教

虽然我们蒙古人信仰的是萨满教，但是我们并不强迫其他人也一定要信奉萨满教。如果你们想加入伊斯兰教，或者基督教，或者佛教，都没问题。只要你们安分守己，无论信什么教，都是我大元的好子民。

忽必烈

讣告

在率军回朝之际，我军大将怯的不花率军与埃及军队对抗，因拒绝撤退，以身殉职。虽然他死了，但他保住了蒙古人的荣誉，是我们蒙古的大英雄！特此讣闻。

旭烈兀

（注：此战是西方抗击蒙古军队的一次大胜利，使蒙古帝国未能进一步入侵非洲。）

第9期

【公元1254年—1328年】

第一次

穿越必读

13—14世纪，欧洲出现了很多第一次：神圣罗马帝国的皇位第一次出现大空位；英格兰召开了第一次国会；法兰西召开了第一次三级会议；教皇第一次被法兰西强迫搬了家，成为国王的傀儡……这些第一次，给欧洲带来了一些新的变化。

顺风快讯

皇帝谁来当
——来自德意志科隆的加密快讯

（本报讯）公元1254年，神圣罗马帝国发生了一件大事——皇帝死后，没有留下一个继承人。那该由谁来当皇帝呢？诸侯们傻眼了。

大家争来吵去，谁也不服谁，闹了三年，最后决定，用选举的方法确定皇帝人选。由7-10个诸侯担任选帝侯，一人一票，票数最多的则为皇帝。

为了保护自己的权益，选帝侯们各怀鬼胎，选了一个势力弱、好说话的人当皇帝。可是，新皇帝屁股还没坐热，就被反对他的人杀了，皇位又空了出来。

诸侯们又开始争吵，一派要选一个英格兰人，另一派要选一个西班牙人。而这两个外国人，一个只到过帝国一次，另一个一次都没来过。两人挂着皇帝的头衔，对帝国的事务却一点也不关心，只是坐在宝座上做做样子。

因此，在将近二十年的时间里，帝国的皇位一直相当于聋子的耳朵——纯属摆设（史称"大空位时期"）。

来自德意志科隆的加密快讯

世界风云

步步为营，鲁道夫收回奥地利

正当神圣罗马帝国乱成一锅粥的时候，冒出一位"英雄"。

这位"英雄"名叫鲁道夫，来自瑞士，家中有一座叫哈布斯堡（又称鹰堡）的城堡，人们称之为哈布斯堡家族。

鲁道夫二十多岁的时候，继承了父亲的爵位。小伙子长袖善舞，精力过人，没用几年，就捞了很多地盘和钱财，一跃成为帝国西南部最大的一个诸侯。

但鲁道夫不甘心只做一方的土财主，他还有一个梦，那就是做帝国的皇帝！可是，帝国有众多诸侯，像鲁道夫这样的小不点，连露个面的机会都难，要想当皇帝，谈何容易？

但这可难不倒鲁道夫。他有六个女儿，一个个长得如花似玉，全是美人，他把其中两个女儿嫁给了两位很有影响力的选帝侯。

两位女婿也十分给力，不停地为老丈人走关系，说好话，公元1273年10月的一天，果真把他送上了皇帝宝座（史称鲁道夫一世）。

消息一出，很多人不满意。尤其是波希米亚国王奥托卡（史称奥托卡二世），也是竞选人之一，

世界风云

听说自己堂堂一个国王，败给了一个穷酸小子，心里很不舒服。

鲁道夫多次邀请他来参加帝国会议，他都不予理睬，只派了一个使者前来敷衍了事。

那使者也是耀武扬威，发言时装模作样，讲的一口拉丁语，很多人听不懂。

鲁道夫听了一半，打断了他，说："如果你是自言自语，可以用拉丁语，这没问题；但你谈论在座各位的时候，为什么还要用大家听不懂的语言呢？"

诸侯们听了，对呀，这不是目中无人吗？心中顿时腾的一下升起一股火，有的甚至撸起袖子，要把使者揍一顿。使者灰溜溜地离开了。

事后，鲁道夫要求奥托卡把之前侵占的奥地利等领地归还给帝国，对方也是一口拒绝。鲁道夫气得火冒三丈，好哇，老虎不发威，当我是病猫哇！打！

公元1278年，双方在马池河战场展开了一场大战。鲁道夫带的兵不多，但他奋勇当先，总是第一个冲入敌阵，士兵们受到鼓舞，一个个以一当十，很快把波西米亚的军队打得落花流水。奥托卡本人也被当场砍死。

就这样，鲁道夫大获全胜。从此，奥地利落在了哈布斯堡家族的手中，长达六百多年。

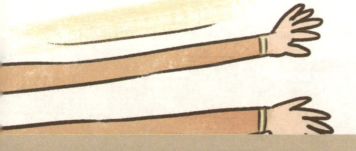

世界风云

长腿战士爱德华

"无地王"约翰虽然臭名远扬，但他的孙子爱德华（史称爱德华一世）却很有作为。爱德华长得人高马大，一双腿又细又长，人称"长腿爱德华"。

威尔士位于英国西部，以前一直把英国当老大，但这些年却开始不听话了。所以，爱德华当上国王的第一件事，就是召集大军攻打威尔士，给这个小弟一点颜色看看。

威尔士人口号喊得响，却是纸糊的老虎，一点儿不经打，英格兰大军一到，就被打得一败涂地。

但威尔士人不甘心就这么屈服，向爱德华提出，如果想继续统治威尔士，那么，统治者必须满足以下四个条件：

一、必须生于威尔士；

二、必须是帝王之后；

三、既不讲英语，也不讲法语；

四、从未犯过错误。

换句话说，只要有一个条件不满足，他们就拒绝接受英格兰的统治，英格兰必须把军队给撤了。

很显然，爱德华一个条件也不符合，这不是存心找碴吗？

但爱德华听了，并没有发火，他想了一下，说："行，一周之后给你们答复。"

一周之后，双方又见面了。威尔士人以为爱德华想不出办法，

世界风云

一个个气定神闲,等着他宣布撤军。

爱德华再次问了他们一句:"若有符合那四个条件的人,你们便接受他的统治是吗?"

威尔士人回答说:"当然。"

爱德华大笑一声,转身从侍从手中抱过一个婴儿,高举过头顶,说:"你们看清了,这是我的长子。三天前出生在你们这里,一个字也不会讲,更不曾犯过任何错误,如何?"

威尔人看了,你看看我,我看看你,一句话也说不出来。于是,爱德华封他的儿子为"威尔士亲王",将威尔士收归英国王室。

威尔士的问题解决之后,爱德华又马不停蹄,去攻打北方的苏格兰。可惜的是,苏格兰还没打下来,他就去世了。

临死前,他嘱咐儿子说:"你要带着我的骨灰继续北征,直到最后一个苏格兰人投降!"因此,苏格兰人很不喜欢他,称他是"苏格兰之锤"。

哇,好高!

世界风云

给教皇搬家的国王

公元 1285 年,法兰西迎来了第四位叫腓力的国王(史称腓力四世)。腓力野心勃勃,一心想统一整个法兰西。

可打仗是最烧钱的事儿,这些年来,他的爷爷、爸爸四处打仗,把法兰西都打空了。

如何让钱包鼓起来呢?腓力把目标对准了教会。教会拥有数不清的土地和财产,富得流油。如果能向教会征税,那可就再好不过了。

可是,之前的教会,只用向教皇纳税,不用向所在国的君主纳税。腓力的这个决

吃饭,给钱!

世界风云

定,大大损害了教皇的利益。教皇十分恼火,立即下令说:"没有教皇的批准,任何教士都不得向政府纳税!"

腓力一看,好啊,既然你不让我征税,那你就不要到法国来收钱了。

教皇一看,傻了眼,只好给了腓力这个特权。

没想到,腓力又得寸进尺,要求教皇从今以后,好好地管理教会就行了,其他的事就不要掺和了。

教皇气得哇哇直叫,立刻派法兰西的大主教前去干涉,要求腓力撤销这个命令。大主教仗着有教皇撑腰,在腓力面前趾高气扬,不可一世。腓力忍无可忍,把大主教投进了监狱。

教皇气得一连发布了三道命令,要开除腓力的教籍,取消国王向教会征税的特权。

腓力也不是吃素的,一把火烧掉了教皇令,并且向所有人隆重宣布:从今以后,除了上帝,他和他的子孙谁的命令都不会听!

1302年,腓力把教士、贵族和市民等代表组织起来,在巴黎召开了第一次三级会议,其中,教士为第一等级,贵族为第二等级,市民为第三等级。

会上,腓力把教皇的命令添油加醋地改了一番。贵族和市民听了这些话,都怒火中烧:"这也太不把我们国王放在眼里了!"

会议结果是腓力给教皇列了二十多道罪状,然后派了一支军队潜入罗马,冲进

住宿,给钱!

世界风云

汪汪汪~

教皇的住宅,将教皇逮捕了。

可怜的教皇,此时已经六七十岁,被关了整整三天,回去不到一个月,就一命呜呼了。

而腓力见教皇死了,索性一不做二不休,扶植了一个法兰西人当教皇,还把教廷搬到了法兰西东部的阿维农。从此以后,教皇就成了法国国王的傀儡(史称"阿维农之囚")。教皇的威望也一落千丈,再也没了往日的荣光。

奇幻漂流

想收回佛兰德尔

编辑老师：

你好！我是法兰西国王腓力。这几年，通过努力，我们收回了大片领土。但有一个问题，我一直比较困惑。

北部的佛兰德尔地区本是法兰西的一部分，却胳膊肘往外拐，和英格兰人混在一起，而英格兰人把羊毛卖到佛兰德尔，从中攫取了大量的利益。我很担心，长此以往，佛兰德尔地区说不定会变成英格兰的了！要不要出兵把佛兰德尔收回来呢？

腓力四世

尊敬的国王：

您好！您的心情我可以理解。但是如果换个角度想想，佛兰德尔地区能富甲欧洲，离不开英格兰的支持。

英格兰为佛兰德尔提供质优价廉的羊毛，佛兰德尔为英格兰提供精美实用的纺织成品，既解决了原料供应问题，又解决了销路问题，是个互利共赢的局面，说不上谁占谁的便宜。

如果出兵收回佛兰德尔，那就相当于动了两家的"奶酪"，不只英格兰人不会答应，佛兰德尔人也不会答应。

所以，出兵并不是一个良策，还请三思。

编辑 穿穿

（注：腓力四世出兵攻占佛兰德尔，但当地居民并不配合国王的行动，反而联合起来于1302年把国王的军队赶跑了。）

自由广场

法兰西爱跟风？

德国某商人

这法兰西怎么老跟英格兰学样？当年学金雀花亨利改革，现在又跟在人家后面，学人家搞第一次议会，一点创新精神都没有！

（注：1265年，英格兰召开了第一次议会，大贵族和高级教士代表组成上院，小贵族和市民代表组成下院，凡是立法、征税这种大事，都由议会两院决定。）

怎么会一样呢？英格兰的议会是贵族们发动的，是为了限制王权；法兰西的议会是国王本人发动的，是为了加强王权！

法兰西某贵族

英格兰某贵族

那还是我们的英格兰议会好。我们的议会从爱德华一世开始，就已经三年一开，变得很稳定了。而法兰西的议会呢，国王想开就开，不想开就不开，权力小多啦！

不管怎样，现在国家的会议都有我们市民的参与，市民总算有了一点点发言权，这也是一种进步！我们要继续努力，争取更多的权利！

法兰西某市民

名人来了

特约嘉宾
腓力四世
（简称"腓"）

越越
（简称"越"）

嘉宾简介：法兰西国王，因身材高大，面容英俊，举止潇洒，被人称为"美男子"，但在他俊美的外表之下，却有一颗冷酷而顽固的心。有人说他"不是人，也不是野兽，而是一尊雕像"。

越：尊敬的国王，您好。请问今天是星期五吗？
腓：是的，怎么了？
越：那今天是13号吗？
腓：不是，怎么了？
越：那就好，我听说很多人碰到13号星期五这天，就不舒服，说它是黑色星期五呢！
腓：有病吧？有病赶紧吃药。
越：这都是因为您啊！听说您在10月13号星期五这天，把圣殿骑士团从上面的大团长到下面的小兵，都给抓了，为什么呢？
腓：因为他们是"异端"分子！
越：他们不是一直听命于教皇，为教会做事吗？怎么会是"异端"分子呢？
腓：这个三言两语难以说清。总之，这信奉"异端"邪说比杀人放火的罪名还要严重。

越：那他们认罪了？
腓：认！怎么不认？不认也有的是办法让他们认！
越：屈打成招？
腓：打是必须的，必要的时候，火刑伺候，用小火，慢——慢——地烤……
越：（不寒而栗）然后呢？逼他们交出所有的财产？
腓：那是当然。
越：这个才是您真正的目的吧？消灭骑士团，他们的钱就都到您的口袋了！
腓：怎么能这么说呢？我身为一个国王，有义务消除腐败堕落，净化社会风气，消灭"异端"邪说！
越：（小声嘟囔）说得这么冠冕堂皇，其实还不是为了钱？
腓：好吧，就算是为了钱吧。那难道不应该吗？同样是

名人来了

腓：东征，我的祖父（指路易九世）还有我的父亲，付出了那么多代价，花了那么多钱，最后客死他乡。骑士团却因为利用借贷、存款还有支票这些模式发了大财，甚至比国王还有钱，还腐败，你说这像话吗？

越：骑士团这么有商业头脑？厉害！

腓：再厉害也是我的臣子，在国家需要钱的时候，就应该把所有的钱交出来，凭什么还收贷款利息？

越：噢，你跟他们借过钱？

腓：借过，不光是我，几乎所有国家都向他们借过。

越：也就是说，灭了他们，您就不用还钱了？

腓：我再重申一次，我这么做是为了法兰西！为了国家！哪里有钱，就上哪去取！

越：那教皇见死不救吗？他们受教皇保护的。

腓：教皇？他现在什么都听我的！我让他做什么，就做什么！现在可不是以前那种唯他独尊的时代了！

越：其实，您忘了一件事，你们和别人打仗，对方同样也要花钱，也有损失。比如英格兰，在跟你们作战的同时，对威尔士、苏格兰也发动了战争，耗资更大。他们不是没有对骑士团下手吗？

腓：他们虽然没有对付骑士团，但也不照样把犹太人从英格兰赶出去，强夺了他们的财产吗？

越：哦——那您灭了骑士团之后，拿到他们的钱了吗？

腓：这帮家伙狡猾得很，不知道他们把那批财宝藏到哪儿去了，我找了很久都没有找到。

越：那您太不划算了，钱没有搞到，名声倒是搞坏了！

腓：唉，没办法，打仗开销巨大，要赚钱，就得多想办法。——小记者，你知道他们把钱藏哪去了吗？

越：……看来满脑子都是钱啊，好了，今天的采访就到这儿吧。

广告贴吧

✚ 英法和平条约

为促使英法两国和平共处,法兰西同意把一部分领土还给英格兰,并把女儿伊莎贝拉(外号"法兰西母狼")嫁给英格兰王太子。

法兰西王室

我最喜欢的一首诗

告诉你我的孩子,
在人的一生中,
有许多事值得争取,
但,自由无疑最重要。
永远不要戴着脚镣,过奴隶的生活!

推荐人 威廉姆·华莱士
(注:威廉姆·华莱士为苏格兰民族英雄。)

✚ 禁奢令

为厉行节俭,反对奢侈浪费,现规定:凡我国普通市民,无论男女,一律不得穿戴皮衣,不得佩戴任何金银饰品。公爵、伯爵、男爵一年的新衣服不得超过四套,儿童一年只能做一套新衣服;无论任何人,正餐均不得超过两菜一汤,且每盘菜里只能有一块肉。

如有违反以上规定的,将视情节轻重,处以罚款。欢迎大家检举揭发,告发有功者,均可获得奖励。

腓力四世

智者为王 第❸关

1. 成吉思汗第一次西征的对象是哪个国家?
2. 俄罗斯最大的河流叫什么名字?
3. 马札儿是指现代的哪个国家?
4. 蒙古帝国最高国事会议是什么大会?
5. 阿拉伯帝国是哪一年灭亡的?
6. 蒙古人在世界各地建立了哪四大汗国?
7. 马可·波罗来自哪个地方?
8. 中国的四大发明是指什么?
9. "苏格兰之锤"是指谁?
10. 大空位时期发生在哪个国家?
11. 蒙古军队被哪支军队打败后,未能进一步入侵非洲?
12. 奥地利被哪个家族控制了六百多年?
13. 阿维农之囚是哪个国王造成的?
14. 十四世纪,世界上最富有的人是谁?他属于哪个国家?
15. 威廉姆·华莱士是哪个国家的民族英雄?

智者**无敌** 王者**为大**

第10期

【公元1328年—1400年】

英法争王

穿越必读

英格兰在法兰西拥有大量的土地和财产，给法兰西的统一带来了巨大的障碍。原本亲密的两个国家，最终兵戎相见。谁也没想到，这一打，就是一百多年（史称英法百年战争）……

顺风快讯

爱德华痛失法王宝座
——来自法兰西的加急快讯

（本报讯）公元1328年，法兰西国王去世，他既没有儿女，也没有兄弟，只有一个妹妹，那就是英格兰王太后、英格兰国王爱德华（史称爱德华三世）的母亲。

因此，爱德华满怀信心地向法兰西人提出，自己也有继承王位的权力。爱德华很像他的祖父，文武双全，刚即位就打败了苏格兰，是个不可多得的国王。

可结果，一个叫腓力的人却登上了法王宝座，这是怎么回事？

原来，这腓力是法王的堂兄。他凭着三寸不烂之舌，到处宣扬：如果爱德华当了法王，英法合并，法兰西国将不国。

法兰西人听了，果然忧心忡忡，于是集体推选腓力为王（史称腓力六世）。

爱德华没有当成法王，心中不爽，但面对这个结果，也只能心不甘情不愿地接受了。

来自法兰西的加急快讯

自由广场

来一场骑士之战吧

法兰西某治安官

腓力怎么回事？为什么要对付佛兰德尔的英格兰商人，他脑袋被驴踢了吗？爱德华本就因为王位的事，对他有意见，想找法兰西的麻烦，这下好了，让他抓到把柄了！

怪不得英王要禁止羊毛出口到弗兰德尔，原来是这么回事！哎，这没了羊毛，我们佛兰德尔的生意怎么做？

佛兰德尔某商人

法兰西某贵族

佛兰德尔明明是法兰西的，却因为几根羊毛，总是讨好英格兰，典型的"有奶就是娘"！还有阿奎丹，明明是法兰西最富有的地方，却归英王所有。换我是法王，也不爽！

英格兰的领土本来就应该由英格兰人来管，为什么要由法兰西人来统治？就连我们的上流社会用的也是法语，实在不像话！

英格兰某男爵

德国某骑士

英法有矛盾也不是一天两天的事情了。依我看，平等对话也不可能了，既然闹成这样了，不如痛痛快快地打一场，来一场属于骑士的真正的战争吧！

世界风云

克雷西会战，英格兰人的荣耀

1337年5月24日，腓力六世向世人宣告：要收回英格兰在法兰西的所有土地！

爱德华大怒，好你个腓力，先是抢了我的王位，现在又要侵占我的土地，实在是欺人太甚！

"打！必须打！没有别的解决办法了，只有战争！"

没过多久，爱德华声称，自己才是正牌的法兰西国王，向腓力正式发下战书，并很快打败法兰西舰队，控制了英吉利海峡，踏上了法兰西的土地。

世界风云

一开始,爱德华没有摸透法兰西的底细,提出要与腓力单挑。

腓力才不上这个当呢,他表示:"我的身体还很健康,决斗的事就算了吧!"

双方打打停停,1346年,爱德华有了胜算,率领英军一路烧杀抢掠,烧了巴黎附近的很多小镇。

腓力当即带上所有武装,准备和英军决一死战。出城没多远,得到一个紧急报告:英军就在前面不远的克雷西小镇!

腓力立即下令:"全体军队原地待命!"

最前面的部队停下来了,可不知怎么回事,后面的部队还在继续往前走。队伍变得像一团乱麻,闹哄哄的,不管怎么吼,怎么叫,都不管用。

就在这时,无数只弓箭暴雨般地射了过来。原来,英格兰的弓箭手早已吃饱喝足,在前面的小山上等候多时了!

英格兰的军队大部分是步兵,但他们使用的长弓比人还高,每分钟能射出十多支利箭,甚至能把敌人的盔甲射穿。据说爱德华曾下令禁止士兵踢足球,为了就是集中精力练习射箭。

法兰西军队虽然大部分是骑士,穿盔甲,骑骏马,但他们的箭射得不够快,也不够远,压根伤不了人。很多人箭还没装好,

世界风云

人已经被射死了。

此外，英格兰还准备了几门从未见过的大炮，发出轰隆隆的声响，虽然声音不大，但还是把法兰西士兵吓得心惊胆战。法军的战马也受了惊，疯狂地嘶鸣，将无数士兵摔下马。后面的战马紧跟着也摔倒了，重重地压在士兵身上。许多士兵被战马们活活地压死了。

这场血战，从午后一直杀到天黑，法军一连发动了15次冲锋，次次都被箭雨击退。腓力也受了箭伤，最后趁着天黑，杀出一条血路，逃出了战场。

在这次战争中，法军死亡了上万人，英军才牺牲一百多人，大获全胜。爱德华16岁的儿子立了大功，从此成为英军的主帅。因为他喜欢穿一件黑色的盔甲，所以人称"黑太子爱德华"。

那么，法兰西是不是从此就落入英格兰人的手里了呢？

世界风云

消灭一切贵族

1355年,黑死病还在继续,黑太子却带领一支六万人的军队再次入侵法兰西。这一次,法兰西败得更惨,连国王约翰(史称约翰二世)也被抓了。

为了把可怜的国王赎回来,必须向英格兰交付一大笔赎金。可是,黑死病夺去了许多人的生命,人口少了,土地荒芜了,牧场废弃了,老百姓连吃饭都成问题,到哪里找那么多钱呢?

消息传开后,巴黎市民十分不满,向摄政的查理王子(史称查理五世)提出,要求像英格兰人那样,享有监督国王的权利。

查理王子大怒,这不是火上浇油吗?查理王子拒绝了他们的要求。市民们也毫不手软,一举将他赶出了巴黎。

查理王子逃到北方,下令将农民组成一支军队,去围攻巴黎。

农民们正忙着插秧、除草,听到这个命令,大发牢骚——

世界风云

"我家只有我一个劳力,我走了,一家老小都没饭吃了!"

"是啊,我们家最后一只鸡都被他们抓走了!"

"国王只顾打仗,根本不管我们的死活,我们凭什么要管他们!"

"他们是狗,英格兰人是狼,都不是好东西!"

这时,一个叫卡尔的农民站出来,说:"消灭一切贵族,一个也不要留!"

于是,农民们拿起手中的武器,打死了王子派来的士兵,一场轰轰烈烈的起义爆发了!

贵族们知道后,嘲笑他们说:"这些扎克雷(意思是乡巴佬),能成什么大事!"

农民们反唇相讥,说:"哼,我们这些乡巴佬,就是要造你们这些老爷的反!"(史称乡巴佬起义,也叫扎克雷起义)

在卡尔的带领下,起义军四处打贵族,杀官员,烧田契,没多久,就打下了北方大部分地区,其他城市也跟着造起反来。

查理王子没想到这些乡巴佬,能成这么大的气候,又怒又怕,

再说一遍试试!

乡巴佬

世界风云

只好去找自己的对头"坏人查理",请他帮忙出兵。

"坏人查理"光听外号,就知道不是个什么好人。这人心想,要是能帮到王子,说不定以后可以当国王,就答应下来。

但他看到起义军有八千多人,自己只有一千多人时,眼珠子一转,想出一个坏主意,"邀请"起义军的首领卡尔到军中谈判。

那卡尔是个粗汉子,以为对方打不过,要向自己求和,便也没有怀疑,大大方方地过去了。

谁知,到了对方军中,一句话还没说,只听一声"拿下",卡尔就被"坏人查理"抓住,严刑拷打,杀害了。

农民军失去领袖,乱成一团。"坏人查理"趁机出兵,将农民军一举击溃,杀死了两万多农民,其中有很多可怜的妇女儿童。

一场法兰西有史以来,规模最大的农民起义就这样失败了。

奇幻漂流

谁是带来黑死病的"真凶"？

编辑老师：

您好！这几年来，欧洲不知从哪传出一种怪病，得了病的人，不到三天，身体就会发黑而死（即黑死病）。更可怕的是，这种病传染极快，只要有一人染上，周围的人通通都会染上，死亡率特别高。由于每天死的人太多，有些尸体甚至来不及处理，只能遗弃在大街上。人们躲在屋子里根本不敢出门。不管是城市的大道，还是乡间的小路，几乎看不到活着的人。

去年，我们镇上抓住了一个在水中放毒的犹太人，根据医生的检测，正是这种毒导致了黑死病的大肆蔓延。最开始大家还不相信，可是今年这个犹太人居然招供了，承认是自己放的毒。

大家知道后，恨透了这些犹太人，一起动手把镇上的犹太人全杀死了。现在，几乎所有人把犹太人当做罪魁祸首，并将他们杀死以示惩罚。

但是，杀死这些"肮脏"的犹太人，就能制止黑死病吗？如果是，为什么黑死病现在还这么猖狂呢？

一个无助的病人

奇幻漂流

无助的病人：

  您好！我知道大家不喜欢犹太人，甚至痛恨他们，因为他们实在是太有钱，太聪明。但据我了解，黑死病出现的原因，并不是因为犹太人放毒，而是商船带来的老鼠。

  如果犹太人真的是"凶手"，那个犹太人为什么到第二年才承认自己的罪行？这中间是不是经历了严刑拷打？很多犹太人也得黑死病死了，难道他们害人也要把自己害死吗？还有，那些提议要把犹太人杀死的人，是真的想为民除害，还是只是想把犹太人的金钱装进自己的腰包？

  请大家多动脑筋想一想，擦亮自己的眼睛，不要让黑死病蒙蔽了自己的良心！

编辑 穿穿

  （注：据不完全统计，从1347年到1351年，黑死病几乎传遍了欧洲所有国家，大约有两千四百万人死于非命，占整个欧洲人口的三分之一。

  其中，英格兰和法兰西是遭受这场瘟疫最严重的其中两个国家。英格兰有三分之一的人口丧生，法兰西仅巴黎就有八万人死亡，包括国王腓力六世。在这种情况下，英法两国只好握手言和。）

嘻哈乐园

名人来了

特约嘉宾
理查二世
（简称"理"）

越越
（简称"越"）

> 嘉宾简介：黑太子爱德华最小的儿子，金雀花王朝最后一位国王。他骄傲自大，善用权谋，身为一个国王，却拥有一个国王不该有的致命的弱点，偏袒自私、任性妄为，最终被人们抛弃了。

越：尊敬的国王陛下，听说英格兰的农民也造反，把负责收税的官员给杀了？

理：嗯，还不是受了法国那帮乡下佬的影响。

越：主要原因不是你们收税收太多了吗？

理：哪个国家不收税？不收税哪来的钱，没有钱怎么打仗？

越：但你们收的税一次比一次多，农民的负担一次比一次重，谁受得了？

理：收税这事，跟我没关系。我当时还小，是大臣们做的决定，权力都在他们那里。你如果是要讨论这个问题，找错人了吧？

越：听您的口气，对他们好像很不满？

理：若不是他们无能，那帮农民怎么会造反？你不知道，他们把我推出去见那帮农民时，我才14岁！

越：那您一定很害怕吧？

理：谁不害怕呢？好在我勇敢机智，把那帮农民镇压下去了！

越：噢，您怎么镇压的呢？

理：先答应他们的要求，至于是真答应，还是假答应，那就另说了。

越：他们相信了？

理：一些大老粗，四肢发达，头脑简单的，当然信了。只是他们的老大难对付，提了些很过分的要求！结果，我旁边的一个官员觉得他不讲理，就把他杀了！

越：杀了人家老大，那可不好办了！

理：是啊，当时特别惊险，那些农民眼看要杀进来了，关键时刻，我急中生智，骑马跑出去，跟他们说，

143

名人来了

理：我是他们的国王，要打，就去战场上打，去跟法兰西打！

越：这话说得在理。后来呢？

理：这帮农民没有了带头的，抓住他们不就易如反掌？——哈哈，你是不是觉得我挺能干的？

越：（心想，我可什么都没说）……

理：但大臣们觉得我还小啊，他们趁我还没有亲政的时候，把我最亲近的几个朋友杀了！

越：您那些朋友净会拍马屁，杀了也不冤枉！

理：哼，我要为他们报仇！

越：您有这功夫，不如多想想如何去战胜法兰西！

理：小记者不知道，这些年，法兰西出了个很厉害的将军，把英格兰打得屁滚尿流！再打下去，英格兰估计就要回老家了。所以，我跟法兰西签了个休战二十多年的协议。

越：噢，停战是件好事，老百姓有福了。

理：哈哈，这样，我就有时间为我的朋友报仇了！

越：……怎么报？

理：我悄悄地招募了一支私人军队，凡是得罪我的大臣，要么弄死，要么流放到外地去，让他们看看得罪国王的下场！

越：没人管您吗？您的约翰叔叔呢？他不是一直尽心尽力地辅佐您吗？

理：我都亲政了，他还敢说什么？就连我把他的儿子亨利（史称亨利四世）流放了，他都屁都没放一个。现在，我想让谁死，就让谁死，想要谁的土地，就要谁的土地，整个英格兰都是我的，哈哈！

越：您这么做，贵族们没有了安全感，会有意见的！

理：有意见又如何，我可是天生发号施令的国王！谁也不能将我怎么样！哈哈！

越：这样下去，总有一天，您会失去民心的！保重！

（注：1399年，理查二世被堂兄亨利四世推翻，金雀花王朝就此完结。）

广告贴吧

⚔ 如何控制黑死病

为有效预防和控制疫病，请大家注意清洁卫生，可以用烟把房子熏一遍，用尿洗澡，所有家畜不得留有活口。

对于黑死病，目前还没有积极有效的治疗方法，请大家多向上帝祷告，让黑死病早点消失吧！

英格兰黑死病防治中心

国王的通告

王子路易作为人质，却私自逃回法兰西，其行为有失骑士风范。为挽回我国的声誉，本国王决定返回英格兰继续做人质，直到法兰西交清赎金为止。

法兰西国王约翰二世
（史称好人约翰）

以酒换木

因制造长弓需要大量紫杉，大不列颠岛上的紫杉又极为稀少，现规定，每进口一桶西班牙的葡萄酒，需缴纳几条紫杉木。

英格兰王室

（注：后来黑太子打败西班牙，西班牙人迁怒树木，下令铲除所有紫杉。）

第11期

〖公元1400年—1485年〗

又打成一团

穿越必读

在法兰西即将被英格兰征服的时候，一个叫贞德的女子挺身而出，奇迹般地打败了强大的英格兰军队，拯救了法兰西。英格兰从此断了征服法兰西的念想，走上了有自己特色的发展之路。

顺风快讯

英法两国又打成一团
——来自英法前线的加急快讯

（本报讯）公元1415年，在经历了二十多年的和平之后，英国再次向法国发起了进攻！

进攻之前，英格兰国王亨利（指亨利五世）表示，这一次，要么征服法兰西，要么死在战场！为表决心，他还再三强调，若是他被俘虏了，绝不允许为他赎身！

可是，法兰西的兵马是英格兰的好几倍，有人觉得不切实际，建议国王再增加点兵力。

国王却信心满满地说："不！我们的人数越少，胜利后的荣耀就越大！"

咦，歇了二十多年，国王怎么一下这么有信心了呢？

据知情人透露，原来国王得到了一个可靠消息，法兰西的国王突然发了疯，国王的两个亲戚——勃艮第公爵和奥尔良公爵为了争夺王位，掐成一团。现在，整个法兰西都是乱糟糟的，根本没有心思打仗。

结果，果然是英格兰大获全胜。

来自英法前线的加急快讯

自由广场

英法联合，两家变一家

你们知道吗？英王看上了我们公主，要娶她为妻了！以后英法两国要成立联合王国，英格兰和法兰西就是一家人了！

法兰西
某裁缝

法兰西
某制鞋工

这事儿我知道。法兰西现在被分成三块，一块给英格兰，一块给勃艮第公爵，另一块给查理王子。等老国王去世后，咱们法兰西的国王就是由英王和他的后代来当啦！

啊，那意思是查理王子的王位继承权被剥夺了？那还有一块给勃艮第公爵，是什么意思？

法兰西某织工

法兰西某平民

你不知道吗？勃艮第公爵背叛法兰西，做了英王的走狗！不然，法兰西怎么会打败呢？

现在谈胜败为时太早。哎，人算不如天算！谁输谁赢，大家走一步看一步啰！

法兰西
某炼金术师

拯救法兰西的女英雄

亨利国王得了美人，又得江山，欣喜若狂。没想到乐极生悲，突然一病不起。没多久，他的疯子老丈人也两腿一蹬，升了天。

两个国王一去世，英法两国又打了起来。英格兰伙同勃艮第派夺走了法兰西的大部分土地。

眼看法兰西节节败退，查理王子灰心到了极点。

这时，有人告诉他，有个叫贞德的乡下女孩求见，说她能打败英格兰，拯救奥尔良。

一个乡下女孩有什么能耐？查理王子不相信，但转念一想，反正也没有别的办法，万一这姑娘真有这本事呢？

为了考验她，查理王子让另一个人穿上和他一样的服装，坐到王位上，自己则和大臣们站一起。

没想到，贞德进屋后，一眼认出了真正的王子。

王子高兴极了，立刻拨给她一支军队。一路上，很多农民也拿着锄头、大刀，主动加入她的队伍。

贞德带着这支军队，高喊着："冲啊，我的同胞们！不要怕，为了法兰西，前进！前进！"

法兰西的士兵们见一个女孩子都这么勇敢，顿时士气大增，打了很多胜仗。

在贞德的帮助下，王子顺利地当上法兰西国王（史称查理七世）。人们把贞德看作拯救法兰西的天使。

世界风云

可是，在敌人眼中，贞德既不是天使，也不是英雄，而是一个恶魔，他们很害怕她。

为了除掉这个恶魔，勃艮第人设下一个计谋，把贞德抓了起来，并以一万法郎的价格，卖给了英格兰人。

英格兰人很害怕贞德，不停地折磨她，拷问她。但无论敌人怎么折磨，怎么拷问，她都昂着头，说："为了法兰西，我将视死如归！"

最后，英格兰人给她安了个女巫的罪名，把她活活地烧死了。

而直到她死的那一刻，法兰西的国王和官员们，都没有一个人伸手去救她！

她的死，点燃了法兰西人的怒火，也给了他们勇气。他们奋起反抗，最后，终于在公元1453年，将英格兰人赶出了法兰西的土地。

人们为了这场战争忙活了一百多年，最后却什么也没得到，唉！

嘻哈乐园

世界风云

"蜘蛛"国王统一法国

查理国王死后,他的儿子路易(史称路易十一世)当了国王。

路易从小就不爱说话,和父亲的关系也不太好,总是和父亲对着干,甚至还造过父亲的反。很多人都说老国王死得不明不白,多半是他害死的。

但路易才不管这些呢!既然当了国王,那就要当一个真正的国王。对于不服从管理的大臣,要么关进监狱,要么处死,他还重新起用了一批出身不是贵族的人当大臣。

这可把一些贵族气得吐血。尤其是勃艮第公爵——"大胆查理",他一直想脱离法兰西,正愁没有机会,于是立即把一些反对路易的贵族联合起来,搞了一个"公益联盟",杀向巴黎。

世界风云

你休想!

双方势均力敌,打了很久,谁也打不过谁。于是路易心生一计,主动向查理求和,表示愿意让出一部分土地。

查理也打得筋疲力尽,就接受了这个意愿,撤了军。

谁知,过了两个月,路易又找借口把那部分土地夺了回去。查理气得哇哇大叫,再次出兵攻打路易。路易打不过他,故伎重施,向他求和。

没想到,双方正在一本正经地谈判时,查理突然接到探子的消息——有人在法国人的煽动下,在勃艮第发动暴乱!不用说,又是路易干的好事!

查理一气之下,当场下令将路易关押起来。

路易明白,这一次再不放点血,是不可能骗到查理的了。于是牙一咬,脚一跺,答应了查理的要求,同意放弃对佛兰德尔的控制,并且陪同他一起去平定那场暴乱。

但路易又怎么会老老实实地履行合约呢?回到巴黎后,他不惜重金,收买了查理的敌人——瑞士人。查理一直想吞并瑞士,瑞士早已不满,路易稍稍一挑拨,双方就打了起来。最后,"大胆查理"被瑞士人杀死,丢在了荒郊野外。

就这样,路易借刀杀人,除掉了一个劲敌。之后,他又像蜘蛛捉虫一样,吞并了大大小小的公国,统一了法国。人们说他像蜘蛛一样可怕,称他为"蜘蛛国王"。

奇幻漂流

如何逃离这场"美丽"的战争

编辑老师：

你好！我是英国的一个小公爵。你可能已经知道，百年战争后，我们英国又发生了一场战争。

起因是这样的：我们的国王（指亨利六世）这些年一直疯疯颠颠的，国王的叔叔约克是个野心家，想赶他下台，自己当国王。但我们的王后不同意，说，国王虽然有病，但她的儿子没有疯，凭什么要把王位让出去？！所以，这两个家族就打了起来。

我的问题是：这两方都是王室中人，势均力敌，作为一个小公爵，我实在不想蹚这浑水，有什么办法可以避开吗？

一个不敢透露姓名的小公爵

小公爵大人：

您好！关于这场战争，我也略有所闻。因为国王代表的兰开斯特家族族徽是一朵红玫瑰，约克家族的族徽是一朵白玫瑰，所以人们给它起了个美丽的名字，叫"玫瑰战争"。

收到你的信时，我正好接到一个消息。"红玫瑰"军队打败了"白玫瑰"军队，王后为了羞辱他们，给约克公爵的头扣上一个纸做的王冠，挂在城头示众。

但战争并没有就此结束。据我所知，约克公爵的大儿子爱德华（史称爱德华四世）正带着军队前往，要为父亲报仇。爱德华英勇善战，生病的国王肯定不是他的对手。

这场战争会持续很久，几乎所有的英格兰贵族都会卷进去，无一幸免，当然也包括你。我只能衷心地说一句：祝您好运！

编辑 穿穿

（注：在长达三十年的玫瑰战争中，大批贵族互相残杀，差不多死光了。英国从此走向集权统一。）

名人来了

特约嘉宾
爱德华四世
（简称"爱"）

越越
（简称"越"）

> 嘉宾简介：他智勇双全，19岁就已在战场上声名赫赫；他和蔼可亲，无论是贵族还是平民，他都能平等相待。英格兰人对他也是无比的爱戴和膜拜。

越：尊敬的国王，bonjour（法语，你好的意思）。

爱：小记者，到了英格兰，请用英语和我交流。

越：啊，你们不是一直都讲法语，不讲英语吗？

爱：那是之前，所以，大多数贵族都是讲法语，但老百姓还是讲英语的多。现在，我们提倡讲英语，讲我们自己的语言。

越：噢，为什么？

爱：哈，英格兰人讲英语，有问题吗？

越：是不是因为英格兰在百年战争中输了，再讲法语就不合时宜了？

爱：可以这么理解。没有了法兰西的土地，为什么还要讲法语？这不让人笑话吗？

越：那这么说，你们还要感谢贞德啊！要不是她，就没有今天的英格兰民族。

爱：噢，我的天，感谢那个村姑？你的脑袋进水了吧？她可是英格兰的大仇人。

越：可要不是她，你们和法兰西现在还纠缠在一起，扯不清呢！

爱：以后不会了！从今以后，我们跟他们井水不犯河水，英格兰就是英格兰，法兰西就是法兰西，他们的国王不是我们的国王，我们也不是他们的臣民，大家是平等的，哼！

越：噢，听这口气，您不打算跟他们修好吗？

爱：修什么好？相反，我们要和别的国家结盟，让法兰西没办法再称王称霸！从今以后，绝不允许这块土地出现什么霸权，大家都

155

名人来了

差不多最好。谁要想称霸,我英格兰第一个不答应!(即"大陆均衡政策",虽已废止但直到今天还在影响英国)。

越:这个做法倒是挺新鲜。那你们还跟法兰西做羊毛生意吗?

爱:哼,我们自己有的是羊毛,还愁没出路吗?我们要发展自己的纺织业!走自己的路,让别人无路可走!法兰西再也别想从我们手中得到一根羊毛!

越:这样也挺好,自力更生,自给自足!

爱:还有,以前我们对法兰西不设防,是错误的。我们四面环海,如果英格兰是一座城市,那么它的城墙就是大海,保护好周围的海,英格兰才会安全。

越:也就是说,你们要加强海防?

爱:对。但当务之急是要打败"红玫瑰",彻底结束这场战争!

越:哦,您不是把国王他们一网打尽,为约克家族报了仇吗?

爱:有个叫亨利·都铎的小子跑了!这小子后面有法兰西撑腰,随时可能反扑。

越:您这么厉害,还怕他?

爱:唉,不行了,最近身体越来越差,我怕是没机会跟他打了。

越:没事,您的弟弟理查(史称理查三世)不是也挺厉害的吗?

爱:理查?对,他可以助我一臂之力,而且对我忠心耿耿。

越:不过我听说,这人阴险残暴,杀人不眨眼呢!

爱:谁说的?我弟弟又聪明又能干。我还准备我死之后,让他当摄政王,辅佐我的儿子呢!

越:噢,那我只能祝您和王子好运了!

(注:理查三世当上国王后,爱德华的两个儿子离奇失踪。1485年,亨利·都铎打败理查三世,结束了玫瑰战争。之后,他和约克家族的女儿结婚,红白玫瑰两大家族正式合并,一个新的都铎王朝就此诞生。)

广告贴吧

⚔为贞德平反

根据 115 名目击者的证词,贞德是一个为正义牺牲的圣女!之前将她以女巫的罪名处以死刑的行为,是错误的!对这种为了自身利益而诬蔑他人的行径,我们将予以强烈谴责!

法兰西宗教裁判所

禁止羊毛出口

羊毛是我国最重要的资源,应该永久地留在本国。为了保护国内的羊毛手工业者,现决定禁止羊毛出口。从事毛纺织制造的民众将得到政府的大力扶持。

英格兰议会

请救救诗人

我的诗友维庸先生有着令人惊叹的才华,却因一时糊涂,犯了事,数月之后将被处以绞刑。请大家救救他吧,他不是一个普通的人,而是本世纪最伟大的诗人之一啊。

诗人 查理·德·奥尔良

🏛法国商品,就是好

你想买几件法国商品装点门楣吗?
你想体验一下法国生活吗?
本次伦敦展会的商品全都是法国制造,品种齐全,种类繁多,欢迎英国各地的朋友前来参观采购。

法国商品展览会

第12期

【公元 1452 年—1481 年】

东罗马的末路

穿越必读

在奥斯曼帝国的围攻下，延续了一千多年的罗马帝国，彻底覆灭。君士坦丁堡的陷落，意味着中世纪的结束，也标志着欧洲历史掀开了新的一页。

顺风快讯

超级大炮出炉啦
——来自奥斯曼帝国的快讯

（本报讯）公元1452年的一天，小亚细亚传出一声巨响，震耳欲聋。发生什么事了呢？

原来，奥斯曼帝国正在试验一种新型武器——超级大炮。据说这种大炮能发射半吨重的石弹，轰塌君士坦丁堡的城墙。

听到这个消息，东罗马帝国的皇帝君士坦丁后悔不迭。

原来，一年前，制造大炮的专家乌尔班曾来过东罗马帝国，说只要给他足够的经费，他可以做出一种杀伤力很强的大炮。

我们知道，在这之前，欧洲人做的大炮威力不大，把炮弹射出去，就像扔了个足球，没什么杀伤力。

君士坦丁对乌尔班的新发明很感兴趣。可是，自从跟十字军打了一仗后，东罗马帝国穷得叮当响，哪里有钱制造昂贵的大炮？就连乌尔班的工资都发不起。乌尔班这才"跳槽"，去了隔壁的奥斯曼帝国。

奥斯曼的新苏丹不到20岁，却财大气粗。在他的支持下，乌尔班果真造出了两门无与伦比的超级大炮。

来自奥斯曼帝国的快讯

绝密档案

奥斯曼帝国的崛起之路

这些天，很多人都在问，奥斯曼帝国是从哪里冒出来的？它为什么要对付君士坦丁堡呢？

说起来，它的来历可不简单。还记得塞尔柱帝国吗？奥斯曼人（史称土耳其人）还是它的亲戚。因为创建者叫奥斯曼，所以这个国家就叫"奥斯曼帝国"。

和塞尔柱人一样，奥斯曼人也是一个生活在马背上的民族。他们住的是帐篷，吃的是牛羊肉，四处征战，一刻也不停。

他们有一支特别的兵团，叫改宗兵。士兵们大多数是基督徒，很小的时候就被奥斯曼人抓起来，统一关在一个地方，一起生活，一起训练。训练非常严苛，撑不住的，会被活活折磨死；想逃跑的，抓回来也是死路一条。

撑下来的孩子，有着钢铁一般的意志，雄狮一样的体魄。士兵们以兄弟相称，长大后也不能结婚，只忠于苏丹一个人。他们骁勇善战，替奥斯曼疯狂地掠夺土地。慢慢地，奥斯曼的领土像吹气球一样，越吹越大，一大片原本属于东罗马的领地都被它占领了。

最后，奥斯曼干脆把首都迁到东罗马的西边，在欧洲扎了根，再也不想走了。

打败奥斯曼帝国的人

奥斯曼帝国虽然厉害,但有一次,它也差点被人灭亡。这个人是谁呢?下面小编向大家介绍一下他:

这个人叫帖木儿,出生在中亚的渴石(今乌兹别克斯坦境内)。据说他和成吉思汗一样,是蒙古人,祖先曾经做过察合台汗国的大官,算是正宗的官二代。因为作战时受伤跛了腿,人们叫他"跛子帖木儿"。

我们知道,察合台汗国是蒙古四大汗国之一,地盘很大,后来分裂成东西两部分,接连几个大汗被杀,闹得一团糟。帖木儿虽然腿残,却是个聪明人。他趁机组建军队,发展自己的势力,终于在1370年,以自己的名字为名,建立了帖木儿帝国。

之后,他和成吉思汗一样,走上了以外军事征服的道路。他带领大军四处征战,一路打下去,伊朗、阿富汗、伊拉克、叙利亚、印度等地,都不是他的对手。

每攻下一个地方,他就把砍下的人头,堆成高高的金字塔,把当地的珍宝,以及最厉害的工匠、学者带回去,建设帝国的都城撒马尔罕。

而这时,奥斯曼帝国也在疯狂地向东推进。打着打着,双方打到了一起。

奥斯曼的苏丹巴耶济德(史称巴耶济德一世)也是个牛人,

绝密档案

擅长以极快的速度调动大军,给敌人以致命的一击,人称"闪电"。就是他,曾经以闪电般的速度,打败十字军,结束了十字军东征的历史。欧洲人对他又恨又怕,都希望帖木儿能给他们报仇。

1402 年,两个牛人带着各自的军队,在小亚细亚展开了一场激烈的战争。

都是我的了!

结果,奥斯曼被人出卖,全军覆没,巴耶济德被帖木儿活捉,死在牢中。帖木儿敬他是个勇士,对奥斯曼也没有赶尽杀绝,还把小亚细亚分给了他的四个儿子。

之后,帖木儿又继续西进,一直打到爱琴海。从地图上看,帖木儿帝国东接中国,西抵爱琴海,南达波斯湾,北临咸海,地盘真的是超级大。

但帖木儿并不满足,因为他的梦想是,恢复蒙古帝国的全部领土。可惜,他的美梦还没有实现,就在进军东方的途中得了重病,不治而亡。之后,他的帝国也江河日下,在 1507 年灭亡了。

人们都说,要是帖木儿没有死的话,今天的世界不知道会变成什么样呢!

谁能拿到红苹果

大炮制造专家乌尔班的"老板"叫穆罕默德（史称穆罕默德二世），是奥斯曼帝国的第七代苏丹。

奥斯曼人有个传统，皇子们在年幼的时候，就要离开皇宫，去行省生活。穆罕默德在两岁的时候，就被送走，直到11岁才被接回都城，接受国君的教导。

小穆罕默德聪明好学，却活泼好动，老师们十分头痛。为此，父亲给他请来了一位名师，并大方地表示，可以对孩子严厉点。

这位老师上第一节课时，就举着棍子，对穆罕默德说："您父皇说了，如果您不听话，我可以惩罚您噢。"

穆罕默德听到这种"威胁"，哈哈大笑。但是，马上他就笑不出来了，因为老师真的把他狠狠地揍了一顿。

从此，穆罕默德开始乖乖地学习。小家伙聪明过人，很快掌握了阿拉伯语、波斯语、希腊语等多种语言，对世界地理也了如指掌。此外，他还阅读了大量文学、历史方面的书籍，尤其崇拜亚历山大大帝，渴望像他那样，当个超级大英雄。

有一次，他在地上铺了一张巨大的地毯，地毯中央放了一只红苹果，然后问大家："有谁能不踩到地毯，就能拿到苹果呢？"

众人想了半天，没有一个人想出办法。

这时，穆罕默德走到地毯前，双手抓住地毯，一边卷，一边往前走，把苹果拿到了自己手中。

绝密档案

看我的!

在穆罕默德的眼里,东罗马就是这么一个红苹果。

虽然这个苹果现在小得可怜,只剩下君士坦丁堡和周边的一小块土地,首都人们一出城,就到了别的国家。但它却还是欧洲最富庶的城市,拥有罗马帝国的荣誉称号。

因此,不论是过去的阿拉伯帝国,还是现在的奥斯曼帝国,都想灭掉它,以显示自己的强大。在过去的三百年里,他们曾多次攻打君士坦丁堡,但都没有成功。因为君士坦丁堡不仅三面环水,还筑有三重城墙,防守功能超级强大。

这个红苹果,最后会落到奥斯曼人手里吗?

东罗马真的是死路一条了吗

编辑老师：

你好！最近，穆罕默德花了短短四个月，修建了一座塔，叫世界瞭望塔。光听这个名字，你就知道穆罕默德的野心吧？

这段时间，奥斯曼人不断地向城外的居民进行挑衅，我一气之下，扣押了城里的奥斯曼公民，还给穆罕默德写了一封信，意思是，如果他不愿意和平相处，非要打仗，那我就奉陪到底！

结果，他不但将我的使节处死，还说："要么开门献城，要么，就做好战斗准备吧！"

我很清楚，现在的东罗马，绝对没能力和对方单挑。因此，我派人出使欧洲，请求他们看在大家都是兄弟姐妹的份上，出兵相助。但到现在为止，还没有一个国家理我。唉，难道东罗马真的是死路一条了吗？

东罗马皇帝 君士坦丁

尊敬的皇帝：

您好！我只能说，您的求救太不是时候了——法兰西与英格兰正在进行战争，神圣罗马帝国正在窝里斗，西班牙正在忙着收复失地。教皇更不用说了，要想得到他的帮助，除非你们同意将东正教与天主教合并，听从天主教的统一指挥。

总之，现在欧洲人是"各人自扫门前雪，不管他人瓦上霜"。与其向他们求救，不如问问您的邻居。"远亲不如近邻"，找他们还靠谱一些。

编辑 穿穿

（注：西欧的国家没有一个肯出手相助，只有热那亚和威尼斯人派出了几百个援兵。）

嘻哈乐园

向君士坦丁堡开炮

公元1453年的春天，穆罕默德带着乌尔班发明的"大家伙"，来到君士坦丁堡的城外。据说这一次，穆罕默德很有信心，因为他带了一二十万大军，而东罗马呢，东拼西凑，才可怜巴巴地凑了八千人！

只听穆罕默德一声令下，几十门巨大的火炮一起开火，"轰轰轰"，随着雷鸣般的巨响，君士坦丁堡的城墙很快被炸开一个缺口！

"冲啊！"奥斯曼的士兵们像潮水一样冲过去！

快冲到城墙底下时，他们"刷"的一下，来了个急刹车！

原来，前面有一道又深又宽的护城河，拦住了他们的去路！

怎样才能过去呢？

士兵们把木头投进河里，想把河水填平。可这实在是个馊主意，因为护城河还没有填平，对岸的城墙又筑起来了。

这时，穆罕默德提出一个设想：既然陆地行不通，为什么不从海上翻过去呢？

北面有一个海湾，叫金角湾，被东罗马人用粗大的铁链锁了起来，要想翻过去，比登天还难！这个年轻的苏丹莫不是被热血冲昏了头脑吧？将士们纷纷劝说苏丹收回成命。

但穆罕默德却坚信：突破口就在这里了！

金角湾的对面有一个小镇，里面住着一群热那亚商人，穆罕

世界风云

默德先是买通他们，然后让人运来大量圆木，在镇里铺出一条轨道，装上滚轴，并在上面涂上厚厚的黄油。

到了晚上，士兵们赶着公牛把一艘艘战船拉到高处，手一松，战船顺着轨道"哧溜哧溜"地滑了下去，滑进了金角湾。等到天亮，奥斯曼的战船全都成功地进入了金角湾。

"敌人杀进来了！"

发现敌人越过铁索，东罗马的军队顿时乱作一团。

双方爆发了一场可怕而凶残的战斗！激战了一个多小时，才各自收兵。

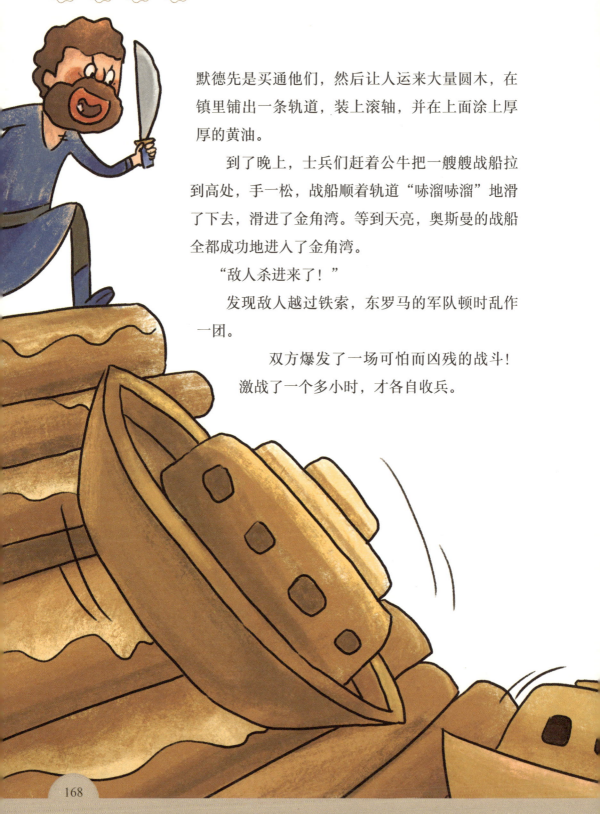

世界风云

不会倒下的城市倒下了

一个多月过去了,君士坦丁堡怎么样了呢?首先告诉大家一个好消息,在君士坦丁的带领下,城里的人们奋起反抗,它并没有倒下。

不过,因为实力相差实在太过悬殊,东罗马已经快顶不住了。

君士坦丁急得团团转。身边的人建议,让他暂时离开这里,去外地招兵买马,说不定以后能东山再起。

君士坦丁听了,沉默很久,伤心地流下了眼泪,说:"我很感激你们的建议。但我怎么能这么做?怎么能离开帝国,离开人民?如果我逃走的话,我的子民会怎么看我?不,不行。我要在这里,和你们一起战斗!"

而这时,穆罕默德已经完全没有耐心了,1453年5月29日,他决定发动新一轮的总攻。

为了鼓舞士气,他宣布,破城之后,士兵们可以劫掠三天,城里的金银珠宝和女人,随他们拿。

士兵们听了,顿时士气大增,向城里展开一次又一次的猛攻。

君士坦丁穿上盔甲,带着士兵们拼命抵抗。可惜,他们的人数太少,要防守的地段却太长。每当对方发起一次猛攻,君士坦

我要一起战斗!

169

世界风云

丁就要带着身边的几百个人跟着跑。就算他们熟悉地形，跑得比兔子还快，也经不起这种折腾。

最后，一件可悲的事情发生了：因为一道城门忘记关上了，奥斯曼人瞅空大摇大摆地进了城。

看着冲过来的奥斯曼人，君士坦丁向着自己的士兵，大声呼喊："难道没有一个人可以砍下我的头吗？"最后，壮烈地战死了。

号称永远不会倒下的君士坦丁堡最终倒下了！

根据先前的约定，奥斯曼士兵们在城里疯狂地抢掠了三天。许多壮丽豪华的建筑付之一炬，数不清的金银财宝被洗劫一空，数万人被掳为奴隶。有名的圣索菲亚大教堂改成了清真寺，君士坦丁堡也换了个名字，叫"伊斯坦布尔"（意思是伊斯兰的城市），成了奥斯曼帝国的国都。

存在一千多年的罗马帝国，从此一去不复返。而取代它的奥斯曼帝国，则成为横跨欧亚两洲的超级大国。

不好！奥斯曼人打进来了！

自由广场

骑士的命运

唉，以前，我们骑士多受人尊敬啊，为什么现在都没人把我们放在眼里了呢？

某骑士

某面包师傅

以前你们会打仗，东征的时候，还组成"骑士团"，保护基督徒。现在却成天东游西逛，像个无赖，有的甚至还干起了强盗的勾当，让别人怎么尊重你们？

兄弟，别抱怨。自从有钱就能雇到人打仗后，你们骑士就已经不重要了。我们不但受过专业军事训练，富有作战经验，也不在乎什么风度、气派、排场，比你们更像战士呢！

某雇佣兵

某贵族

现在想得个骑士称号也简单，只要你表现好，什么人都行，就连恶棍、死人也可以。哎，如果连死人都能当骑士，那不是石头和狗都可以吗？这样的骑士称号有什么意义？

主要还是新的兵器一出来，什么长弓、大炮，我们的铠甲就不管用了。不能打仗，我们就成了没用的人。唉，看来，我们要被这个时代淘汰了！

某骑士

智慧森林

带来光明的印刷术

公元1456年，欧洲传出一个消息，一个叫古腾堡的德国人印出了一本书！这真是个令人振奋的消息！

要知道，在这之前，整个欧洲没有一本印刷的书，所有的书都是手抄写的。因此，这些书特别昂贵，也特别少，只有国王和少数有钱人才有那么几本。

比如《圣经》，它的价格相当于一栋房子，穷人连吃饭都成问题，哪里买得起？教堂也把《圣经》看得跟宝贝似的，有的教堂还用链子把它锁起来，以免被人偷走。

人们看不到书，就不会阅读，不会识字，想知道外面的世界，了解一些未知的知识，只能听人说说。

虽然中国人很早就发明了泥活字和木活字印刷术，但欧洲人却不知道。直到古腾堡发明了金属活字印刷术，欧洲才有了第一本印刷书。

第一本印出来的是本什么书呢？你可能已经猜到了，就是大家都想看一看的《圣经》。据说他花了整整五年时间，才把这本书印出来。

有了第一本，就会有第二本，第三本，第四本……除了《圣经》，许多历史、地理、哲学类的书也印了出来。慢慢地，书越来越多，也越来越便宜。人们从书上读到很多有趣的故事，还有很多道理和知识。现在，只要足不出户，人们就可以知道外面的事情啦，是不是很神奇呢？

名人来了

特约嘉宾
穆罕默德二世
（简称"穆"）

越越
（简称"越"）

> 嘉宾简介：奥斯曼帝国第七代苏丹。他既是学者，也是暴君，最辉煌的战果是终结东罗马帝国，建立起一个庞大的奥斯曼帝国。人们说，他才是奥斯曼帝国真正的创建者。

越：陛下，有一件事我不明白，听说您定了个规矩，以后您的儿子中，无论是谁继承了苏丹皇位，都可以将他的兄弟处死。

穆：对，有什么问题吗？

越：为什么要让兄弟自相残杀呢？

穆：只有一个人统治，才能避免因发生内战，而使帝国分裂。一个皇子活着就够了。你们中国不也有"玄武门之变"吗？

越：唉，真搞不懂你们皇帝的想法。

穆：搞不懂就对了，搞得懂就是你当皇帝了。

越：（汗）不敢，不敢。还有一件事，我也搞不明白。君士坦丁堡都破败成那样了，为什么还要对付它呢？就算能拿下它，也算不上什么本事啊！

穆：原因是它有一个皇帝。

越：您确定那是个皇帝吗？我感觉他连个市长都不如！

穆：但是名义上，他还是东罗马的皇帝！这是奥斯曼不能接受的。

越：其实君士坦丁还算个不错的皇帝，只是运气太糟糕。

穆：怎么说？

越：他一没钱，二没兵，三没帮手。打到最后一分钟，欧洲都没有派一个兵过来帮他，你说糟不糟糕？

穆：我早就说了，欧洲是不可能派救兵过来的，要是有救兵，早就来了，还会让他等这么久吗？只有君士坦丁才会对那帮人抱有希望。

越：事实证明，您的判断是对的。——那您打赢了，是怎么处置这个皇帝呢？

名人来了

穆：别说了，我连他的影子都没找到。

越：哦，不是说他已经战死了吗？

穆：或许，有可能，不一定。死在战场上的人太多了，我们也没有时间一个个去验证。

越：那难道就有时间去抢劫，去搞破坏？

穆：这个，我后来下了紧急通令，让大家提前停止抢掠，不准破坏古代建筑和文物了。

越：虽然是亡羊补牢，但总比没有禁止的结果强吧。

穆：从今以后，我就是罗马人的皇帝，自己家的东西，当然不能让人破坏了，哈哈！

越：罗马人的皇帝？大家承认了吗？

穆：要谁的承认？我说的话就是法律，其他的人，都是我的奴隶，我的手下败将！

越：您不知道吗？东北边的罗斯公国说自己才是罗马帝国的正统继承人，是"第三罗马"呢！

穆：哈哈，凭什么？就凭君士坦丁的侄女嫁到那边去了？

越：是的，君士坦丁没有孩子，他的侄女就是东罗马的继承人，有权力收回君士坦丁堡。

穆：笑话！一个女人，一个偏远小国，有什么实力和我争？

越：这个不好说了。三十年河东，三十年河西。以前你们在东罗马的眼里，不也是实力弱小吗？

穆：不怕！实在不行，那就打一场！

越：那您的弯刀下一步将挥向那里吗？

穆：这是秘密！（瞬间提高警惕）小记者，你知不知道，如果我有一根胡须知道了我的秘密，我会把它拔下来，扔进火里！

越：（汗如雨下）噢，我就随便问问。

穆：来人！把这根胡须给我拔了！

越：别啊……我不问了！再见！（一溜烟跑了）。

（注：从此以后，奥斯曼帝国和罗斯公国开始打仗，不停地打，一直打到第一次世界大战，两大帝国先后解体。）

广告贴吧

✝ 警 告

由著名火炮专家乌尔班制造的大炮明日将在附近进行试射,炮声有如雷霆,请大家务必远离此地,以免误伤。若因此造成耳朵被震聋,或受惊流产,本厂概不负责。

奥斯曼大炮铸造厂

⚔ 船长们的誓言

尊敬的皇帝陛下,为了上帝的爱,为了基督教的荣誉,为了我们威尼斯政府的荣誉,我们愿意留下来,与东罗马共存亡。为表决心,我们愿意将货物放在城里,以做抵押。

威尼斯的船长们

欢迎热那亚战士的到来

在东罗马生死存亡之际,热那亚老兵隆哥自己出资,带来了七百名英勇的士兵。为表示感谢,如果能够击退奥斯曼人,我将把一个岛屿赏赐给他。希望更多的人能来帮助我们。

罗马人的皇帝 君士坦丁

土耳其谚语

红苹果惹人摘。
太阳越高,影子越短。
害怕麻雀的人,连种子也播不出去。

智者为王 第④关

1. 爱德华三世是上一任法王的什么亲戚?
2. 英法两军交战的第一场大战是什么战争?
3. 因为什么原因,英法战争暂停了?
4. 在英法战争中,哪一个国王成了俘虏?
5. "扎克雷"是什么意思?
6. 谁是改变英法百年战争的关键人物?
7. 有"蜘蛛国王"之称的是哪一位国王?
8. 百年战争后,英格兰爆发了什么战争?
9. 英格兰的官方语言一直是英语吗?
10. 都铎王朝的第一个国王是谁?
11. 是谁为奥斯曼帝国发明了超级大炮?
12. 奥斯曼的特别兵团是什么兵?
13. 发起君士坦丁堡之战的苏丹是谁?
14. 君士坦丁堡之战,哪两个国家向东罗马派出了援兵?
15. 在君士坦丁堡之战中,哪一个皇帝战死了?

智者无敌 王者为大

智者为王答案

第❶关答案

1. 棕榈叶。
2. 三年。
3. 法王路易七世。
4. 一个是隐士,一个是骑士。
5. 玻璃。
6. 金雀花王朝。
7. 英格兰国王理查和埃及苏丹萨拉丁。
8. 第三次。
9. 德意志。
10. 红胡子。
11. 伏尔泰。
12. 埃及。
13. 威尼斯商人。
14. 君士坦丁堡。
15. 85岁。

第❷关答案

1. 《大宪章》。
2. 1265年。
3. 卢浮宫。
4. 没有。
5. 一年零一天。
6. 教士。
7. 不能。
8. 巴黎大学。
9. 黄祸。
10. 镇压异端运动。
11. 腓特烈二世。
12. 奴隶。
13. 40天内。
14. 不是。
15. 182年。

智者为王答案

第❸关答案

1. 花剌子模国。
2. 伏尔加河。
3. 匈牙利。
   忽里台大会
4. 条顿骑士。
5. 1258 年。
6. 钦察汗国、察合台汗国、窝阔台汗国和伊儿汗国。
7. 威尼斯。
8. 指南针、火药、造纸术、印刷术。
9. 爱德华一世。
10. 神圣罗马帝国。
11. 埃及。
12. 哈布斯堡家族。
13. 法国的腓力四世。
14. 曼萨·穆萨，马里帝国。
15. 苏格兰。

第❹关答案

1. 外甥。
2. 克雷西会战。
3. 黑死病的暴发。
4. 约翰二世。
5. 乡巴佬。
6. 贞德。
7. 路易十一世。
8. 玫瑰战争。
9. 不是，曾经是法语。
10. 亨利·都铎。
11. 乌尔班。
12. 改宗兵。
13. 穆罕默德二世。
14. 热那亚和威尼斯。
15. 君士坦丁。

世界历史大事年表

时 间	世界大事记
公元1096年	第一次十字军东征
公元1099年	十字军占领耶路撒冷
公元12世纪初	西欧手工业兴盛，行会大量出现
公元1154年	英国进入金雀花王朝
公元1163年	法国兴建巴黎圣母院
公元1189年	第三次十字军东征
公元1212年	西方组建儿童十字军
公元1215年	英王约翰签署《大宪章》
公元1219年	蒙古人开始西征
公元1241年	汉萨同盟开始形成
公元1254年	德意志出现"皇帝空位期"
公元1258年	阿拉伯帝国灭亡
公元1265年	英国召开第一次议会
公元1291年	十字军东征彻底失败
公元1300年	奥斯曼土耳其建国
公元1302年	法国召开第一次三级会议
公元1337年	英法百年战争开始
公元1347年	黑死病传入意大利
公元1358年	法国扎克雷起义
公元1381年	英国瓦特·泰勒起义
公元1453年	东罗马帝国灭亡；英法百年战争结束
公元1455—1485年	英国玫瑰战争